무늬보다 향기를!

KB190028

특별히_____님께

이 소중한 책을 드립니다.

<호스피스병동 24시> 저자 / 김승주 목사의 회고 에세이

# 무너보다 향기를!

## 김승주 목사 지음

나침반

# 내 잔이 넘치나이다

인생 대선배 모세는 '인생은 날아가는 화살'(시90:10)이라고 했습니다. 평소 지당한 말씀 정도로만 여겨지던 '세월의 빠름'이 이제는 점점 잃어가는 피부의 탄력에서 느껴지기 시작합니다.

한번뿐인 유일회 인생. 치열한 삶을 살아 왔다면. 그래서 한번쯤 의미를 되새겨 보고도 싶습니다.

이 책은 "내 잔(盞)이 넘치나이다"라는 신앙고백서입니다. 동시에
● 그동안 절대 신뢰를 보내 주신 수를 헤아릴 수 없이 많은 동역
　자분들께 감사의 마음으로…
● 태생(胎生)적 빈곤감에 힘들어하는 이들에게 '주안에서는 특별
　한 사람이 없다'는 것과 주안에서는 이모작(二毛作)이 얼마든지
　가능함을 보여 주는 실증으로…
● 몸에 질병을 얻기까지 하면서도 겸손하게 인고(忍苦)의 길에 동

행해 준 친구같은 아내와 가족들에게 감사의 마음으로…

●스승에 대한 믿음을 끝까지 놓치 않고 함께 해 준 하사모를 위시한 사랑하는 제자들에게 마음의 선물로…

그동안 치밀한 계획 하에 이끌어 주셨고, 또 남은 여생(餘生)을 아름답게 마무리 지어 주실 우리 아버지께 이 모든 영광을 올려 드리고져 함에 목적이 있습니다. 할렐루야!

로뎀나무에서

김승주

# 목차

제3부 **광야의 소리**

제1부

# 소명

# 1

## 회심

**인생 이모작의 후반부를** 호스피스로 지내는 동안. 이따금씩은 "어쩌다가 호스피스 사역자가 되었는가"는 질문을 받는다.

사람의 생애를 '우연히...'였다고 말할 수는 없다. 그렇다고 계획대로만 살아 왔다'고 말할 수도 없다.

"사람이 마음으로 자기의 길을 계획할지라도 그의 걸음을 인도하시는 이는 하나님이시라"(잠16:9)하셨고 "너희 안에서 행하시는 이는 하나님이시니 자기의 기쁘신 뜻을 위하여 너희에게 소원을 두고 행하게 하시나니.."(빌2:13)하셨으니 안호선의 발자취는 친히 계획하시고 시행하신 주님의 족적(足跡)이고, 나의 입장에서는 동역자들과 함께 감동 주시는대로 부지런히 뒤를 따라 왔음의 기록이라고 하겠다.

이 글은 그동안 수종자로써의 '살아 온 날들의 얼개'일 뿐, 미숙함으로 인한 숱한 실수와 시행착오가 있었음을 솔직히 고백드리며 혹여 외람되이 보이는 부분이 있더라도 너그러이 이해해 주실 것을 부탁드린다.

나는 서울 보문동 신암교회에서 있은 부흥회에 참석하셨던 어머님께서 집회 중에 낳으셨다고 한다. 언젠가 가족과 함께 그 교회를 방문하여 교회 측 양해 하에 강단 앞에서 기념사진을 찍기도 하였다.

서울 창신초교와 창신교회에서 어린 시절을 보내던 나는 사춘기를 전 후로 이런 저런 이유로 교회를 멀리하기 시작하였다.

그 후, 결혼생활을 서울에서 시작했지만 이전하는 회사를 따라 안양에 정착하게 되었고, 지금까지 43년째 살고 있으니 사실 상 안양사람이다.

회심 이전까지 다니던 직장은 호계동 ㈜신아화학공업이었고 총무과장을 거쳐 관리과장직을 마지막으로 퇴직을 하게 되었다.

주님을 인정하지 않고 사는 인생 대부분이 그러하듯이 나 역시 뚜렷한 목표의식이 없었고, 남보다 '조금 더 잘 사는 것' 정도를 성공의 기준으로 알고 살았던 소모형 인생이었다. 열심히 하다보니 조금은 그럴 듯하게 보였을 수는 있어도  내면의 자유함이나 평화는 없었다.

고도 성장을 추구하던 직장의 경직된 분위기에 따른 위축감. 빈 곤감. 불안감 등이 복합적으로 작용하여 정체를 알 수 없는 분노 가 있었는데 그것은 곧 영혼의 목마름이었지만 판단 능력이 없었 던 나는 그 갈증을 세속의 것들로 풀려고 하였다. 그런다고 해결되 는 것도 아니어서 "아! 이래서는 안 되는데.."하는 죄책감을 가지면 서도 점점 더 세속의 늪으로 깊이 빠져 들어가게 되었다. 언젠가는 가까운 동료 이경옥 선생님(전 세브란스호스피스 책임자)께 회심 이전 삶 을 살짝 비쳤을 때 "상상이 가질 않는다"고 하셨다. 나는 한때 그렇 게 '표류하는 인생'이었다.

그런데 주님은 나를 언제까지나 보고만 계시지 않으셨다.

1980년 10월 말 경. 나를 찾아 오셨다. 굳게 닫혀 있는 마음을 노크하셨고, 그렇지 않아도 내면의 회의와 갈등으로 괴로워하던 나는 자연스럽게 문을 열게 되었고 버티던 아집도 한꺼번에 무너 져 버렸다.

그리고 어디에서도 경험해 보지 못한 자유와 평안을 경험하게 되 면서 "아! 사람들이 이래서 신앙을 가지는 구나"는 생각을 갖게 되 었고, 오랫동안 기다려 주심에 대한 감사와 그간 못난 가장으로 인 해 고통을 겪은 가족에 대한 미안함 등으로 참회의 눈물을 많이 흘려야만 했다.

"인애하신 구세주여 내 말 들으사.."와 "우물가의 여인처럼 난 구했네 헛되고 헛된 것들을.."을 많이 불렀고 "천부여 의지 없어서.."를 부를 때면 "천부여...." 다음은 목이 메어서 부를 수가 없었다.

틈만 나면 각종 집회에 참석하여 더럽혀진 영혼을 씻어 내려고 몸부림을 치기도 하였는데 한동안의 폭풍같은 격동의 기간이 지난 후. 나의 영혼은 마치 청명한 하늘처럼 맑아지는 것을 경험했다.

마침 주기철 목사님의 순교 영화는 옥토같은 심령에 매우 깊은 인상을 주었다. 복음을 듣기 위해서 24시간 라디오를 옆에 두고 살았는데 언젠가 극동방송을 직원예배 설교 차 방문했을 때는 감회가 새로워서 "친정에 온 것 같다"고도 하였다.

그러니까 나는 돌지 않았으면 좋았을 길을 돌고 돌아서 20여년 만에 본래의 자리로 돌아 온 셈이다.

하지만 그때의 일들이 '자신이 얼마나 추한 존재인지를 절감케 하여 어떤 경우라도 교만해서는 안되는 이유를 알게 하셨고, 누구나 겪는 인생의 고단함을 이해함에 있어서 경험적 준비를 시키셨구나'는 생각을 하게된다.

내 인생 주인이 주님이신 것을 확실히 하게 되면서 하반기는 정말 그 분 뜻대로 생산적 삶을 살고 싶었다. 내가 이해한 주님의 뜻은 "낮은 곳을 향하여"였다. 어쩌다가 우위를 선점한 자들은 역시 어쩌다가 주저앉아 있는 자들의 손을 잡아 주어야 하는데 이것이 정의이며, 그 구현이 사랑이며, 이것이 내가 이해한 주님의 뜻이었다. "이모작은 그런 방향성으로 살게 해달라"고 간절히 기도하는 가운데 그 일환으로 신학교 문을 두드리게도 되었다.

인생의 판이 바뀌는 전환점에서 두려움은 있었지만 "당신! 참 잘했어요. 생활은 내가 맡을 테니 공부나 열심히 하세요"하는 아내의 따뜻한 위로와 격려는 용기를 내는데 큰 힘이 되었다.

신학교 입학 다음 날부터 직장으로 뛰어든 아내를 생각하며 중식 후 몰려오는 식곤증에는 볼펜으로 허벅지를 찌르기도 하면서 참아야 했고 조카뻘 학생들과의 사이에서 장학생이 되기도 하여 고생하는 아내에게 보람을 안겨 주기도 하였다.

주경야독 만학 6년을 마친 졸업식장에서는 쉽지 않은 과정을 무리없이 마치게 하신 은혜를 생각하며 쏟아지는 눈물을 주체할 수가 없었다.

졸업 후, 개척 장소로 소외층 거주지역 주변을 기웃거려 보기도 하였지만 중학생 둘을 둔 가장으로서의 현실적 벽은 생각보다 높았다. 답답하여 "주님! 제가 차출병(소명자)입니까? 자원병입니까?"를 놓고 심각하게 기도하는 중. 마침 가끔 말씀을 전할 기회로 안면이 있는 안양의 두 가정으로부터 청빙을 받게 되어 결국 아직도 부끄러운 흔적이 고스란히 남아있는 안양으로 꼼짝없이 다시 끌려?
와야 했고, 1987년 5월. 엉겁결에 관양동 참빛교회를 개척하게 되
었다.

나의 회심 이전을 잘 아는 분들 중에는 나의 변신을 호의적으
로 생각해 주시는 분들이 계셨는데 언젠가 훗날 길에서 우연히 만
난 직속상관이던 부장님께서는 TV에 소개된 나를 부인께 소개하
면서 "인생을 두번 사는 사람"이라고 했다고도 하셨다. 특히 이웃에
사시던 정어진 장로님(전 해관보육원 원장)께서는 "목사님! 그렇기 때문
에 더욱 의미가 크지 않겠어요"하시며 격려해 주기도 하셨다. 부담
은 있었지만 그렇다고 긍휼사역의 꿈을 접은 것은 아니었기에 기회
만 되면 언젠가는 긍휼 관련 어떤 사역을 하리라는 생각은 간직하
고 있었다.

그런데 이상하게도 어른보다는 아들 딸 친구들이 속속 모여들기
시작하는 것이었다. "하필이면 왜 안양인가?"하는 생각에 힘들어
했고, "어느 정도는 힘(=어른)이 있어야 꿈도 펼칠 수 있으련만.."하는
생각에 실망하기도 했다.

하지만 주님 생각은 나의 생각과 달랐다.

그렇게 지내던 어느 날 새벽. "종아! 반면교사로써의 사명감을 느
끼지 않는가"하시는 음성을 듣게 되었다. 무릎을 쳤다. "아! 이런 뜻

이 있으셨구나.."

당장 다음 주일. 공개적 선포를 마친 후, 어린 학생들을 이끌고 비산동 지적장애인 시설 '사랑의 집'과 '동방아동복지회', 시흥시 '어린 양의 집'등을 방문하여 말벗이나 빨래를 돕는 등.. '진정으로 잘 사는 길'을 가르치기 위한 '함께 뒹구는 교육목회'를 시작하였다.

대부분이 고교생이 되었을 때는 집단 헌혈을 시도하였다. 예배 직후, 교회 입구에 대기한 차량에서 헌혈을 시작하였는데 내가 먼저 헌혈을 마치면 줄줄이 헌혈을 하였지만 우리는 행복했다.

한번은 어느 분이 심장수술을 해야 하는데 '직접 수혈 조건'이라는 소식을 듣고는 같은 혈액형의 두 친구가 부천으로 출장 헌혈을 다녀오기도 하였다. 나는 65세 까지 헌혈을 했지만 그 후로는 이런저런 이유로 거절을 당하고 보니 '좋은 일도 다 때가 있구나'는 생각을 버릴 수가 없다.

목회 방향을 이렇게 정하고 보니 전통적 성장위주의 목회는 자연스레 관심 밖의 일이 되어 가고 있었다.

# 2

## 사역의 동기

내가 호스피스에 관심을 갖게 된 데에는 그만한 동기가 있었다.

### 교육적 동기 1

교회 안에는 늘 어린 친구들이 북적이고, 나 또한 그들을 대상으로 한 설교가 많아지다 보니 소외를 느낀 일부로부터 볼멘소리가 나오기도 했다. "애들은 헌금은 안하면서 쓰기만 한다"는 것이었다. 나는 "자녀들 미래를 위하여는 우리가 얼마나 많은 투자를 하는가. 하나님 나라 미래를 위하여 이 정도의 투자는 해야 하지 않겠나"하면서 이해를 시켰다. 시설에서 빨래 봉사를 하는 것에 대해서 일부 부모로부터 "학생에 맞는 봉사도 있을 텐데.."하는 이야기가 들려 왔을 때는 "우리가 늙었을 때 우리 수발을 위해서라도 이들은 지금 훈련해 두어야 한다"는 말로 더 이상 이런 류의 불만이 나오지 못 하도록 하였다.

우리가 알아야 하는 것은 이름만이 아니라 '존재할 이유'까지다는 것을 가르쳐 오기를 수년이 지나 대부분이 대학생이 되자 뭔가 모 르게 2%는 아쉬움이 있었다. 이제 자신들에게도 직접 피부에 닿는 어떤 주제가 필요하다는 생각이 들었다. 이를 놓고 기도하는 중에 1994년 12월. 남포교회에서 있은 처조카 결혼식엘 참석했던 차에 '샘물호스피스 소식지'를 접하게 되었다.

신선한 충격이었다. 당장 전화로 봉사 관련사항을 물으니 "내년 3 월에 교육이 있다"고 하였다. 이듬해 봄. 우선 나부터 자원봉사자 교육과정(4기)을 밟게 되었고, 5기 부터는 등록비를 대납하면서 까 지 교육을 독려하였다. 낮에는 학교를 다녀야 했으니까 야간반에 등록을 시켜 이수토록 하기도 하였더니 제법 인원이 되면서 든든했 다. "기왕이면 제대로 해보자"는 생각에 '참빛호스피스선교회'를 설 립하여, 여선교회는 매주 샘 병원 중환자실을 중심으로 섬김을 하 였고 청년들은 매월 마지막 주일 오후예배를 샘물에서 환우분들과

드리면서 특히 유기농법으로 손이 많이 필요했을 초기 사역에 힘을 보탰다.

그 후 샘물과 관련하여서는 이런 일들이 있었다.

샘물이 사역을 시작했던 처소를 주민들의 반대로 나와야 했을 때, 세브란스용인병원을 임시로 이용하고자 했지만, 병원 내 유력 인사의 강력한 반대로 병원장도 어쩔 수 없어 하고 있으며 "만일 계획에 차질이 생기면 문을 닫을 수밖에 없다"는 매우 절박한 소식을 원주회 목사님으로부터 듣게 되었다.

그런데 가만히 듣다보니 우연찮게도 그 유력인사는 알만한 분이 아닌가. 마침 조부모님이 우리 교회 성도였고 추모예배 등 가족행사 때는 '호스피스의 필요성에 대하여' 공감을 나누던 분이었다.

나는 순간 "네가 왕후의 자리를 얻은 것이 이 때를 위함이 아닌지 누가 알겠느냐"(에 4:14)는 말씀이 생각났다. 그날로부터 그 분을 적극 설득하게 되었고, 결국은 "목사님의 부탁인데 어쩌겠어요"하는 양보와 함께 샘물의 병원 이용은 가능하게 되었다.

원목사님은 편저 '호스피스병동 24시'(엘맨) 추천사에서 "문을 닫지 않으면 안되는 위기의 순간에 용인세브란스병원과 연결되어 샘물호스피스 사역이 지금까지 이어질 수 있도록 하는데 결정적으로 기여하신 분이 김목사님이셨다"고 하셨다. 그런 경험이 있기에 나는 지인들에게 "성령의 감동이 있으면 놓치지 말라"는 권고하곤 한다. 성령님 감동에는 언제나 창조적 역사가 일어나기 때문이다.

그 후로도 "필수 인력의 휴가를 위해 대체 봉사자를 부탁한다"는 요청이 있을 때는 우리 청년들이 교대로 24시간 병실을 지켜 주기도 하였고, 미술을 전공한 아들은 한동안 '샘물 소식지' 표지 삽화를 그려 드리기도 하였다.

원목사님은 위 추천사에서 "처음에는 그 교회에 큰 기대를 갖지 못했다. 성도도 몇 분 안 모이는 조그마한 교회인데다가 대부분이 젊은 청년과 학생들로 구성되어 있었기 때문에 교육을 받아도 봉사는 제대로 하지 못 할 것이라는 생각을 하였다.

그런데 내 추측은 완전히 빗나가고 말았다. '샘물의 집'이 지금의 모습으로 정착하는데 지대한 공헌을 한 교회 중 하나를 꼽으라면 참빛교회를 들지 않을 수 없다'고 하셨다. 우리 교회는 샘물로부터 '97년 단체 봉사상'을 수상하였고, 기독교윤리실천운동 발행 도서 '세상에는 참 좋은 교회도 많더라'에 소개되기도 하였다. 원목사님을 뵈면서 얻은 교훈이 많지만 그 중에서도 '사명을 위하여라면 모든 것을 던지는 모습'에서 큰 교훈을 얻기도 하였다.

제자들은 언제까지나 받는 입장에만 머물지는 않았다.

어느 날 청년회장이 찾아 왔다.

"목사님 내년 3월 경 시간 좀 내시지요."

"무슨 일이라도...?"

"목사님은 안식년도 없으셨잖아요. 이번 기회에 사모님과 함께 성지 순례를 다녀 오시라고 저희가 조금 준비한 것이 있어요."

"학생들이 무슨 돈이 있어서?"

"이를 위해 저희들이 그동안 적금을 부었는데 내년 3월이면 찾게 됩니다. 아무리 바쁘셔도 꼭 다녀 오셨으면 좋겠어요."

"아! 많이들 컷구나..어른들도 생각하기 쉽지 않은 안식년을 생각하다니.."

마음이 짠 해지는 시간이었다.


목회자라면 성지 순례 한번쯤은 생각한다. 형편이 안되면 분할 납부로 다녀 오기도 했다. 하지만 나에게는 거기까지는 마음을 쓸 여유가 없었다. 그러던 때에 전혀 예상치 못한 기회가 주어졌다. 결국 우리는 떠밀리 듯 부러워만 하던 이스라엘 성지를 다녀오게 되었다. 그 이야기는 당시 주변 동료들의 부러움을 사기도 하였다.

훗날 재정을 청년들에게 맡기게 되었을 때, 나의 월급은 우리교회 평균 수준에서 책정하기를 미리 주문하였다. IMF때 몇 년간은 그나마 자진해서 동결하였고, 한동안은 계속 그 선에서 유지되기를 바랬지만 "그것은 치솟는 물가 인상에 대비할 때 목사님 월급을

깍자는 거예요"하며 얼마를 강제로? 인상하여 주기도 하였다.

　이런 상태에서 3년여가 되던 1998년 봄. 성문기독서적 김병하 사장님(현 네팔 선교사)의 중재로 메트로병원으로 부터 협력사업을 제안 받게 되었다. 하지만 이 사안은 담임 목회자로서는 쉽게 결정할 문제가 아니었다. 대신할만한 분을 찾아보았지만 마땅한 사람 찾기가 쉽질 않았다.

　"누군가는 꼭 해야 할 일이 아닌가?"하는 생각에 고민하던 끝에 결국 피할 수 없는 소명으로 받게 되었다. 두려움은 컸지만 "너희 안에서 착한 일을 시작하신 이가 그리스도 예수의 날까지 이루실 줄을 우리는 확신하노라"(빌1:6)는 말씀을 단단히 붙잡고 조심스럽게 걸음을 내딛게 되었다.

　이렇게 지내는 사이. 하나 둘 가정을 갖는 친구들이 생기면서 주일이면 서울 천호동. 영등포. 성남. 안산. 병점 등 수도권에 흩어져 살던 친구들이 아기들까지 합세하여 모여 들었다. 예배 후엔 아내가 전날 눌러 놓은 반죽을 밤새 끓여 낸 다싯물에 빚어 넣은 수제비를 먹으며 흡사 잔치집 같은 행복한 시간을 가지곤 하였다.

　하지만 이런 식의 공동체를 언제까지나 유지할 수는 없었다.

　나는 이들이 기대 이상으로 빠르게 성장해 가는 것에 감사해 하면서도 어렴프시 '서로의 가야 할 길이 달라야 한다'는 것과 '언젠가는 아픔이 오겠구나'는 생각을 가지게 되었다.

후임을 생각하며 우리 교회와 분위기가 비슷한 목회자를 소개받아 통합을 마음에 두고 설교를 부탁드린 적이 있었고, 이임의 취지를 충분히 설명하고 공개 모집도 시도해 보았다. 많은 분들이 이력서를 보내 왔는데 경력 상 대단한 분들이 계셨고, 공부를 아주 많이 한 분들도 이력서를 보내 왔다.

이력서를 검토하며 기도하는 과정에서 문득 경험상(과거 전도사님들이 적응하는데에 어려움을 겪는 것을 보았음) '단순 물리적 교체는 우리 교회 특성 상 의미가 없겠다'는 강한 생각이 들었다. 결국은 마음은 아프지만 '차라리 형편에 맞게 흩어지는 것이 더 아름답겠다'는 결론을 얻게 되었다. 결국 내가 로뎀나무 건축을 위해 안양을 떠나야만 했던 2005년 11월 둘째 주일 "나의 목회는 여기까지다!"는 선언과 함께 '중학생에서 출발하여 사회인이 되기까지'의 근 20년의 소위 '함께 뒹구는 목회 시대'는 마감되었다. 각자 여건에 맞는 교회를 택하여 신앙생활을 하되 '흩어지는 참빛교회'임을 잊지 말기를 당부하며 지금 생각만 해도 너무나 가슴이 아픈 석별의 시간을 가지게 되었다.

# 교육적 동기 2

당시 우리 교회는 나의 과거를 너무도 잘 아는 분들이 자녀들과 함께 출석하고 있었기에 처신에 부담이 컸다. 하지만 그런 와중에서도 반면교사(反面教師)로써의 나는 설교로, 성경공부로, 때로는 잔소리로 귀가 아플 정도로 강조하던 것이 있다. 기조(基調)는 주로 "세월을 낭비하는 것 만큼 치명적 실수는 없다. 딱 한번의 인생이다. 진짜 잘 살아야 한다"는 것이었다.

당시의 제자 대부분이 지금 '안호선' 회원으로 동참하고 있으니 현안(懸案)들과 함께 그때를 회상해 본다.

## 진짜 잘 살기 위해서는

### (1) 목적과 수단을 혼동치 말아야 한다.

"사람에게 보람을 느끼게 하는 것은 밥이 아니다. 밥 때문에 일하지 말라. 빠른 길 보다는 바른 길을 걷되 좋은 일에도 분수를 지켜라"며 누구에게나 적용되는 불행의 씨앗(=욕심)을 경계하였고, 훗날 목사 안수를 앞 둔 친구들에게는 "큰 종이 되지 말고, 귀한 종이 되라"고 당부하기도 하였다.

"돈을 사랑함이 일만 악의 뿌리라"(딤전 6:10)고 하셨는데 이즈음 들어 더욱 크게 와 닿는 경고이시다. 크고 작은 사건의 본질은 대개가 돈이다.

돈은 사랑의 대상이나 삶의 목적이 될 수 없다. 강력한 에너지를 가졌기에 조심스레 다루어야 할 관리 대상이자 도구일 뿐이다.

젊을 때부터 돈에 대한 가치관을 분명히 하는 것은 매우 중요하다. 우리 교회 청년이 학창시절 장애인 단체 봉사를 다니고 있었는데 대학을 졸업한 후엔 평소의 성실함을 인정받아 그 단체 간사가 되었다.

그런데 늘 마음에 걸리는 게 있었는데 같이 봉사를 다니던 친구들은 여전히 봉사자로 오는데 비하여 자신은 급료를 받는다는 것에 대한 부담이 있었다.

나는 "직업은 누구나 있어야 하는 것이기에 취업 자체에 부담을 가질 것은 없다. 문제는 취업 목적이 무엇이냐?가 중요하다. 단지 돈 때문이라면 직업인으로 그치겠지만, 보람 때문이라면 사명자다. 사명자로써의 정체감만 뚜렷하다면 월급은 많으면 많을수록 좋은 것이다"며 정리를 해 주었는데 "안개가 걷힌 것 같아요"하며 기뻐하는 모습을 보았다.

물질은 인간답게 살아가는 데에 필요한 매우 의미있는 도구다.

얼마 전. 부산 고신대 복음병원에서 개최된 호스피스 완화의료학회 심포지움 강사로 섬길 기회가 있었다. 복음병원은 장기려 박사님이 세우신 의료기관이다.

박사님은 안호선 설립 초기. 약 4년간 환자의 자기부담금 전액을 조건없이 대납해 드렸을 때 그 정신적 동기를 부여해 주신 분이시다.

나는 제자들에게 박사님을 소개하면서 완치되었음에도 퇴원을 하지 않는 어느 환자로 부터 "청산 할 돈이 없어서.."라는 말을 듣고는 "밤에 직원들 몰래 도망가세요"라고 귀뜸하셨다는 일화를 소개하면서 울컥했던 기억이 난다.


그 분의 정신이 생생하게 남아 있는 장소를 방문하고 강의까지 하게 되니 남다른 감회가 있었다. 열차시간이 촉박하여 기념관을 둘러보지 못하고 온 것이 아쉽다. 그야말로 어쩌다가 우위(優位)를 선점(先占)한 자들은 역시 어쩌다가 주저 앉아있는 자들의 손을 잡아 주어야 한다. 그것도 겸손하게..

이것이 정의이고, 이것이 사랑이고, 이것이 주님의 뜻이다.


우리는 수시로 주기도문 "주의 뜻이 땅에서도 이루어지기"를 기원한다. 그런데 그 일은 주님 몫이 아니고 '어쩌다가 우위를 선점한 자'들이 감당해야 할 몫이다. 가난에 허덕이는 이를 옆에 두고 혼자 잘 사는 것은 신앙인으로써는 부끄러운 일이다. 이는 공동체적으로 도 동일하다.

"누가 너를 남달리 구별하였느냐 네게 있는 것 중에 받지 아니한 것 이 무엇이냐 네가 받았은즉 어찌하여 받지 아니한 것 같이 자랑하느냐" (고전 4:7)

"네 손이 선을 베풀 힘이 있거든 마땅히 받을 자에게 베풀기를 아끼지 말며"(잠 3:27).

우리 주변에는 돈을 제대로 쓸 줄 알아서 빛이 나는 사람이 있다.

그런가하면 제대로 쓸 줄 몰라서 위상에 맞지 않게 초라하게 보이는 사람도 있다. 목적과 수단을 구별할 줄 아는 능력이 있는 자라야 그 자리에서 당황하지 않을 것이다(마 25:31~40).

### (2) 꿈은 반드시 이루어짐을 믿어야 한다.

'복의 근원' 즉 '한 사람의 희생으로 다수가 행복해 짐'에 대한 꿈은 반드시 이루어진다. 꿈을 주신 이가 주님 자신이기 때문이다(빌 2:13). 단 준비한 만큼만 쓰신다. 준비만 제대로 되었다면 강원도 산골에 살아도 반드시 찾아서 쓰신다"라고 역설하곤 하였는데 우리같이 작은 교회가 안호선의 주춧돌이 됨으로써 이 메시지는 명확하게 입증되었다.

(역대 간사) 박경희 집사. 김명길 전도사. 윤혜경 전도사. 김현실 집사. 정태수 목사 지성훈 목사. 유상수 선생. 고경희 선생과 행사 때마다 다크호스로 뛰어드는 하사모(회장 송정민)는 모두 우리 교회 출신이다.

가끔 "우리 교회는 개척교회.." 운운하는 소리를 들을 때는 "주체적으로 남을 돕는 교회는 규모와 상관없이 개척교회가 아니다"며 바로 잡아 주기도 하였다.

'복의 근원'이 되는 꿈은 진실한 신앙인이라면 모두가 욕심을 내는 진짜 복이고, 제대로 꾸기만 하면 반드시 이루지는 꿈이다.


## (3) 한 우물만 파야 한다.

"기회는 누구에게나 한번은 온다. 취향과 능력, 멘토의 권고 등을 참고하고 진로를 결정하되 '이거 다' 싶으면 묵묵히 한 우물만 파라. 파다보면 뭐가 되도 될 수 밖에는 없다"면서 소신있게 살기를 주문하였다.


## (4) 의리(義理)를 중시해야 한다.

참 리더는 멘토(mentor)나 친구를 쉽게 버리지 않는다.

대화가 통하는 친구, 예측 가능한 친구, 어려울 때 생각나는 친구. 편한 친구는 좋은 친구다. 이들과의 사이에서 왠만한 이해관계나 자존심. 감정 정도는 뛰어 넘을 줄도 알아야 한다"며 동반자로써 친구의 소중함을 강조하였다.


● '대화가 통하는 친구'가 좋은 친구다.

결혼이 늦었다고 너무 서두를 일만은 아니다. 가치관의 차이가 너무 큰 상대를 잘못 만나면 그것 때문에 평생을 울면서 살아야 할런지 모른다. 우리가 신앙인을 만나야 하는 이유는 일상의 소통도 그렇지만 어쩌다가 갈등하게 되더라도 피차가 말씀의 권위 앞에 무릎을 꿇고 중심을 다시 잡을 수 있기 때문이다. 평생 동반자나 동역자를 진짜 신앙인으로 만나야 하는 이유가 거기에 있다.


● '예측 가능한 친구'가 좋은 친구다.

소위 '능력이 있다는 사람' 주위에는 사람들이 몰리게 되어 있다.

그렇다고 홀리듯 몰려 갈 일이 아니다. 위인이 일 중심인가 아니면 관계 중심인가를 눈여겨 볼 필요가 있다. 일 중심이라면 적당히 거리를 두는 것이 좋다. 언젠가는 버림을 받기가 쉽기 때문이다.

또한 식언(食言)을 밥 먹듯 하는 자도 같은 배를 타기엔 곤란하다.

일 보다는 사람을 중히 여기고, 설령 상황이 꼬이더라도 신의에 기반을 둔 친구가 좋은 친구다


● '어려울 때 생각나는 친구'가 좋은 친구다.

흔히 "나라가 어려울 때 충신을 알아보고, 가정이 어려울 때 현

모양처를 알아보고, 친구가 어려울 때 참 우정을 알아본다'고 한다. 사실이다.

'어려움은 한꺼번에 온다'고 했던가. 나는 로뎀나무를 증축하는 과정에서 당초 계획에 차질을 빚고 얽히고 설킨 상태에 가정의 어려움까지 겹치면서 다윗이 겪었다던 '사망의 음침한 골짜기'(시23:4)를 경험했다. 내 사역이 거기까지 인줄은 생각키울 정도였다.

"살다 보니 이런 때도 있구나"하며 한동안은 얼이 빠져서 지냈다. 나는 그때 평생을 두고도 잊지 못 할 친구들을 만났다.


● '편한 친구'가 좋은 친구다.

교사가 된 후, 친구를 따라 우리 교회를 출석해서 결혼 전 까지 함께 했던 여선생이 있었다.

한번은 "우리 교회를 다니는 이유는 무엇인가?"고 물었다. "목사님은 권위적이지 아니시잖아요"하였다. 나는 그의 말을 예사롭게 듣지 않았다. 그리고 목회 철학으로 삼았다.

나는 당기는 속도전 같은 목회가 아니라 비록 속도감은 떨어지더라도 함께 가는 공동체를 만들고 싶었고 안호선도 그런 마음으로 함께 해오고 있다.


지도자로써의 권위는 매우 소중하다. 그래야 통솔할 수가 있다.

지도자는 전문적 식견과 능력을 전제로 한다. 하지만 이것도 윤리 도덕에 기초한다. 자질 상 아무리 훌륭해도 인격적 기조인 윤리 도덕적 하자가 있으면 지도자로써의 권위는 설 자리가 없어진다.

문제는 아무런 하자가 없다 하더라도 엘리트 의식은 지도자들이 극복해야 할 주요한 대상이다. 권위와 권위주의는 다르다.


언젠가 한국호스피스협회 신년하례를 마치고 대전 터미널로 가던 중. 나는 동료 이사 K대 S교수에게서 매우 매력적인 모습을 보았다.

마침 시장 옆을 지나 갈 때 였다. 그는 "먼저 가시라"면서 대열에서 벗어나더니 잠시 후, 부지런히 뒤쫓아 오는 데 손에는 비닐 봉지에 뭔가를 사들고 오는 게 아닌가. 순간 '공감과 소통 능력이 뛰어나겠구나'는 생각이 들었다.

물건이 무엇인지는 몰라도 대낮에 남의 눈도 의식 않고 시장 물건 한 봉투를 사 들고 올 줄 아는 여유를 가진 사람.. 현직 의과대학 교수 특히 젊은 교수로써는 결코 쉬운 일이 아니다. 아주 멋진 교수이시다.


나는 봉사자들 사이에서 '호박목사'로 통하기도 한다.

로뎀나무가 소재한 주변은 호박 생산단지다. 호박은 거두는 타이밍을 놓치면 상품 가치가 떨어진다고 한다. 아침마다 수확을 하게 되는데 때를 놓친 호박은 밭 고랑에 던져 놓는다. 나는 한 시간쯤

뒤 그것을 주워다가 병원 출근길에 봉사자들에게 나누어 준다.

어차피 버려지는 것이니 자원 절약 측면에서도 충성하는 것이기도 하고... 혹자는 "그게 몇 푼이나 된다고 그러느냐?"고 한다. 모르는 이야기다. 나는 호박을 주는 것이 아니고 사랑을 주는 것이고, 그들 또한 호박을 받아 가는 것이 아니라 나의 사랑을 받아 가는 것이다.

어떤 의미에서는 '설교 잘 하는 목사'라기 보다는 '호박 목사'라는 평가를 더 좋아한다. 그렇다고 목사로써의 권위가 떨어지는 것은 아니라고 생각한다. 목사인데 편한 목사일 뿐이다.

'많은 공부와 폭넓은 인맥'을 자랑하던 사람이 있었다. 그는 주변에 필요 이상으로 거리감을 느끼게 하고 있었다. 이른바 은둔형 제왕적 지도자였다.

그런데 일단 문제가 생기니까 주변에 많은 이들이 "당신 떡 언제 먹었느냐"며 등을 돌리는 것을 보았다. 신비주의나 제왕적 지도자라면 명심할 일이다.

## (5) 평생을 학생으로 살아야 한다.

"한송이 국화꽃을 피우기 위해 봄부터 소쩍새는 그렇게 울었나보다"로 시작되는 '국화 옆에서'의 미당 서정주님은 대학 강단에서 후학을 가르치기도 하셨다.

연세가 높으시니 여생을 그렇게 지내시는가 보다 생각했지만 80을 바라보는 마당에 러시아로 유학을 떠나신다는 소식에 사람들은 놀라기도 하였다.

그로부터 몇 년 가지 못하고 중도 귀국하셨고 그로부터 얼마 못 가서 돌아 가셨다. 그러니까 님은 돌아가실 때까지 공부하다가 가신 것이다.

나는 이 일화를 소개하면서 "죽을 때까지 학생으로 살쟈"고 역설하곤 하였다.

대학으로 끝내지 말고 시공(時空)의 제약을 피할 수 있는 사이버 대학을 통해서라도 계속 공부를 강조하였고, 독서나 하다못해 신문이라도 꼼꼼이 챙겨 읽으라고 하였다. 신문기사는 공부라면 누구에게도 지지 않을 분들이 지면 한 모퉁이를 할애 받아서 자신의 생각 등을 옮겨 놓은 것이다. '꼼꼼이 챙겨 읽는 동안에 우리의 수준도 이에 맞춰지게 될 것이다'고 강조하였다.

한국호스피스협회 이사장직을 섬기면서는 총회나 세미나 등에서 격려사를 할 때에는 "늙어감'의 서러움을 극복하는 비결은 공부다'를 힘주어 강조하곤 하였다.

나는 환갑 직전에 기회를 주셔서 합동신학대학원대학교 목회대학원을 최연장자로 입학하여 최우수상을 수상하며 졸업하였고, 내친 김에 세계사이버대학에서 사회복지학도 공부했다.

지금도 기회만 되면 각종 세미나 등에 참석하려고 노력하고 있다. '평생 학생'은 내가 이만큼이라도 삶의 탄력을 유지하는 비결 중 하나다.


# 교육적 동기 3


### (1) 진정한 성공은 조화

우리는 늘 성공을 노래하지만 성경적 성공은 결코 지고주의(至高主義)나 다다익선(多多益善)이 아니다. 균형과 조화다.

성경공부는 '나무와 숲'을 동시에 보는 안목을 키우는 것이 중요하다.

에덴동산의 불행은 창조자와 피조물. 자연과 인간. 사람과 사람 사이의 균형과 조화가 깨짐으로 시작되었다.

예나 지금이나 욕심이 문제다. "나는 다르다"하다가 모두들 넘어가고 있다.

과유불급(過猶不及)이라고 했던가. 너무 많으면 무리수가 따르게 되고, 자칫 목적이 수단으로 뒤바뀌는 위험성도 있다. 특히 사람과 관련된 사업에는 더욱 그러하다. "어느 날부터 갑자기 몰려오는 사람들에 두려움을 느꼈다"시던 고 옥한흠 목사님의 소박하신 간증이 새롭다. 성공(?)은 위기다. 겸손과 두려운 마음이 필요하다.


성경이 제시하는 전인적 건강도 조화(調和)다.

영과 육의 조화. 금세와 내세의 조화. 그리고 나와 이웃 간에 조화를 이루며 사는 것이 진정한 성공이다. 신앙인으로써 약한 이웃에 대한 배려는 사명이다.

이는 본능을 거스리는 일이기에 결코 말처럼 쉬운 일은 아니다.

사명을 아예 이타(利他)로 인식함이 필요하다. 비록 예수님처럼 전적 이타까지는 아니더라도..


미국 달라스 주 기독교 명문고교 커버넌트 스쿨과 달라스 아카데미 간에 농구 시합이 있었다. 이 경기에서 커버넌트는 무려 100대 0이라는 큰 스코아로 대승을 거두었다. 이 소식을 들은 교장은 즉시 농구감독을 해임하고 상대 학교에 용서를 구했다. 또 연합회에는 그 기록을 아예 삭제해 달라고 요청했다.

달라스 아카데미는 집중력이 떨어지는 학생들이 다니는 특수학교였던 것이다. 그는 명예롭지 못한 승리는 사실상 패배이며 기독교적이지 않다고 생각했다.

참으로 훌륭한 스승이시다.


가정같은 자그마한 교회에 갈등이 있었다.

'애증의 뿌리는 같다'고 했던가. 서로 얼굴 대하기가 어려웠다. 이 것이 작은 교회의 아픔이기도 하다. 그런 상태에서 하루는 100미 터 쯤 떨어진 중형교회를 방문하여 예배를 드리게 되었는데 어떻게 주소를 알았는지 즉각 심방을 왔더란다.

"교회를 옮기려는 의도는 아니고, '잠시 안정이 될 때 까지만...'하 며 양해를 구했단다. 하지만 나가면서 면전에서 현관의 교회 표식 를 잡아 떼어내고 기어이 자기 교회 표식을 붙이고 가더란다. 그는 결국 그 교회 성도가 되었다. 이는 목회 윤리도 문제지만 "그렇게 까지 하면서 시키는 성장은 누구를 위한 것인지?"를 묻고 싶다.

가까운 분이 교회생활의 어려움을 호소하며 우리 교회로 교적을 옮기고 싶다고 하였다. 사연을 들으니 충분히 이해가 되었다. 하지 만 섭섭할 정도로 완곡히 만류를 했다. 그 분은 지금도 기회만 되 면 "이상한 목사를 보았다"고 악평(?)을 하신다고 한다. 그분과의 우 정은 지금도 여전히 따뜻하다.


"창문이 하나 있으면 두 개를 달게 된다."
이것은 자본주의 시장원리이다.
하지만 주님 사업에는 시장원리보다 우선해야 할 가치가 있다. 배려다. 물론 배려가 말처럼 쉬운 것은 아니다. 하지만 "내가 조금 만 손해를 보자!"는 결심만 있어도 어느 정도의 배려심은 생길 수 있다.

"무조건 내가 다 해야 한다"는 독선은 기독교 정신이 아니다. 비록 주님 이름을 내세웠다고 할찌라도..(마7: 21~23)

## (2) 사랑의 진짜 이름은 희생

"사랑처럼 희생을 많이 당하는 단어도 없다"고 한다.

입에 가장 많이 오르내리면서도 가장 확인하기가 어렵기 때문이다.

사랑의 진짜 이름은 희생이다. 사랑은 반드시 희생으로 입증되어야 한다. 하나님의 우리를 향하신 사랑은 독생자를 희생하심으로 입증하셨다.

주님은 립 서비스에 식상(食傷)한 세상에서 진짜 사랑을 보여 주고 가셨다.

우리의 관심은 능력에 있다. 그래서 어떻게 해서든지 많은 스펙(경력)과 인맥을 쌓으려고 노력한다. 물론 이것들은 중요하다. 하지만 여기에 더 중요한 것이 있다. 따뜻한 마음이다.

우리 사회에 두드러지게 해악을 끼치는 사람들은 대부분이 소위 능력자들이다. 해악의 정도는 그 능력과 비례하는지도 모른다. 그래서 사명의식을 가지고 사는 것이 매우 중요하다. 어느 위인이 사명감 없이 성공한다면? 우리 사회는 그만치 불행해 지는 것이다.

우리 가운데 지도자가 되려는 사람이 있는가?

'내가 포기해야 할 기득권이 무엇인가'를 먼저 생각할 수 있어야 한다. 신앙인으로써 지금 포기한 기득권은 훗날 존전 평가에서 아주 중요한 평가 기준이 될 것이다. 주님은 모든 것을 다 던지시더니 지금은 하나님 보좌 우편에 계시지 않는가.

### (3) 진짜 복은 '쓰임받는 복'

늘 한계를 절감하는 인간은 언제나 절대자의 은총이 절실하다.

그런데 과연 무엇이 하나님의 복 인가?에 대하여는 한번쯤 생각을 해야 한다.

우리에게 의식화 된 복은 '쓰는 복'이다.

그러다보니 쌓을 곳이 없도록 쌓고 창고를 지어서라도 쌓는다. 그러다가 한도를 넘기면 결국은 터져 버리고.."앗차!"하지만 이미 때를 놓친 경우가 허다하다.

하지만 성경이 제시하는 최고의 복은 '쓰임을 받는 복'이다. (언젠가는 쇠잔해 질 것이니) 아직 건강이 그만할 때 몸 봉사도 하고 (돈은 돌고 도는 것이니) 있을 때 의미있게 십시일반(十匙一飯)하기도 하고, (언젠가 자리를 뜰 때가 올 것이니) 아직 영향력 있을 때 좋은 일도 좀 하고.. 이런 생각을 가지고 사는 사람이 '진짜 복 받은 사람'이다.

세례를 베푼 환우 분 중에서 장례를 부탁해 오면 기꺼이 집례 해 드린다. 담임목사가 없기 때문이다. 한번은 이혼을 하고 어린 딸들을 남겨 둔 채 떠난 가장의 장례를 집례 해 드렸다. 인천 연화장이었는데 순서가 첫 번째로 잡혔다고 해서 캄캄한 새벽에 환송예배를 드리고 서둘러 출발하였다.

그때는 지금처럼 현대식 건물도 아니었다. 을씨년스러운 분위기에 검은 화구도 그대로 노출되어 있던 상태였다. 하관예배를 마치고 한 시간 가량이 지나서 어느 정도는 진정이 되었을 무렵 인사를 나누고 돌아오던 때 였다.

새벽 시간 맞추노라고 잠을 설친 것은 말할 것도 없고 그야말로 춥고 배고픈 상황이었는데 긴장이 풀려서인지 피곤이 한꺼번에 몰려 왔다.

그런데 갑자기 "나같이 더럽고 추한 존재에게 '천사가 흠모'할 일을 맡기시다니.."하는 생각이 들면서 울컥하며 치솟는 눈물 때문에 운전하기가 어려웠다. 길 옆에 차를 세우고 진정을 한 후에야 다시 핸들을 잡을 수 있었다.

신앙인들이 사모해야 할 진짜 복은 이방인들이나 구하는 입신양명(立身揚名) 차원이 아니다. '감히 쓰임을 받고 있음'에 대한 깨달음 자체가 큰 복이다.

## (4) 나의 자랑은 제자이고 싶다

인성교육(人性敎育) 즉 '의미있는 변화'를 기대하는 교육은 파워포인트 차원으로 되는 것이 아니다.

한국사회 격동기에 큰 영향을 끼친 인물 중. 기독교의 양심 주기철 목사. 민족시인 김소월. 독립군 장군 김홍일. 사상가 함석헌. 목사 한경직. 화가 이중섭. 언론인 홍종인 등은 모두 오산학교(五山學校) 출신이다. 그들이 그토록 귀한 인물이 된 것은 두뇌 회전이 빨라서가 아니다.

가치관이 형성되는 청소년 시절에 '진짜 잘 사는 길을 가르쳐 준' 참 스승을 만났기 때문이다. 그들은 동절기 재래식 화장실에 꽁꽁 얼어 솟아 오른 오물덩어리 깨트리는 것을 힘들어 하던 사찰 손에서 도끼를 받아 들고는 입으로 튀는 오물을 퉤! 퉤! 뱉으면서 도끼질을 하던 이승훈 선생님을 지켜보면서 자란 제자들이다.


일본의 기독교 분포도는 매우 낮다. 하지만 그런 중에도 참으로 신실한 분들이 있다. 그 중 한 분을 꼽으라면 '구안록'과 '로마서 연구'의 저자이며 안호선 소식지에 연재하고 있는 '일일일생'의 저자 '우찌무라 간조(內村鑑三) 선생이 있다. 그의 글을 읽노라면 보석같이 박혀 있는 그의 사상을 케는 기쁨이 있다.

그리고 또 한분을 치자면 일본을 대표하는 빈민의 아버지 '가가와 도요히코(賀川豊彦) 목사가 있다. 그는 '나가노'목사가 텐트를 치고 목회를 하던 5년간. 오직 가족만을 대상으로 예배를 인도하던 중에 만났던 첫 성도였다.

그는 같이 먹던 밥상 위에서 피를 토하던 폐결핵 환자였고 그 병 때문에 학업을 중퇴한 신학생이었다. 나가노 목사는 순간 갈등도 되었지만 '하나님이 보내신 자'로 생각을 고쳐먹고 토한 피를 치우고 하던 식사를 계속하였다.

그 후 나가노 목사의 지속적이고 따뜻한 보살핌 속에서 병을 고침 받은 그는 신학교를 복학하였고 훗날 일본을 대표하는 아주 귀한 목사가 되었다.

나가노 목사는 5년 목회에서 겨우 한사람을 배출시킨, 요즘 개념으로는 실패한 목사다. 하지만 하나님은 그를 실패자로 보지 않으셨다. '가가와 도요히코' 때문이다.

사람들은 '세상을 바꾸는데는 많은 사람이 필요하다'는 생각을 할수도 있다. 또한 많은 지식이 사람을 바꿀 수 있다고도 생각할런지도 모른다. 그래서 많이 가르치려 하고 또 많이 배우려고 이리 저리 뛰어 다닌다. 그렇지 않다.

세상을 바꾸는 데는 많은 사람이 필요한 것이 아니다. 또한 많은 지식이 필요한 것도 아니다. 때론 진정성 있는 한 두마디가 사람을 다른 사람으로 만들기도 한다. 이승훈 선생은 도산 안창호 선생의 연설에서 크게 감동을 받고 민족사에 길이 남을 역사적 인물이 되었다. 분명한 목표의식과 영혼이 담긴 열정을 가진 멘토가 그래서 중요하다.

나는 '발뒤꿈치가 보이지 않는다'란 평을 받을 만치 누구 못지 않게 열심히 살았다. 하지만 그것이 '오직 나만을 위한' 것이었기에 남는 것이 없었고 '아! 그렇게 사는 것이 아니였는데..'하는 후회가 많았다.

이에 '이제 막 출발 선상에 선' 제자들에게는 처음부터 정말 잘 사는 길 즉 '생산적 삶'을 가르치고 싶었다. 생산적 삶이란 봉사적 가치관으로 사는 것을 의미한다. 그래야 양심에도 부합되고(고전 4:7) 스토리도 남는다(눅10:30~ 37 계 22: 12). 부러워 하는 '복의 근원적 삶'도 봉사적 사고(思考)에서 나온다.

기대에 부응이라도 하듯이 제자들 가운데는 소명없이는 수행이 어려운 사회복지사, 간호사. 상담사. 교사. 목회자 등 소신형 전문직이 많다. 또한 건장한 신체이면서도 "시각장애 여인의 평생 눈이 되겠다"면서 가정을 이룬 아름다운 친구. 복중 아기가 '장애를 가졌을 수 있다'는 진단을 받고도 "당연히 낳아 길러야지요"하던 믿음직한 친구. 말처럼 쉽지 않은 입양(入養)의 용기를 내어 준 멋진 친구들. 헤어진 지 10년여년이 지났어도 변함없이 후원의 끈으로 옛 스승과 함께 하고 있는 신실한 제자들을 보는 것.. 등은 나의 교육 목회의 보람이다.

얼마 전에는 나를 통하여 유아세례를 받은 아기가 어느 새 나 보다 한 뼘이나 더 큰 키가 되어 아빠와 함께 봉사를 오기도 하여 기쁨이 되기도 하였다.

내가 목회를 마칠 때까지 우리 교회는 2층에서 시작하여 지하실로, 다시 4층으로 쫓겨 다니듯 옮겨 다녔고 끝내 사글세를 면치 못하였다. 여력도 없었지만 부끄럽게 생각하지도 않았다.

'교회는 건물이 아닌 사람'이기 때문이며, 더구나 나의 목회적 관심은 그냥 '함께 뒹구는 것'이었으니까.

이따금씩 관양동 옛 교회 건물 옆을 지날 때에는 문득 그 안에서 같이 뒹굴던 때가 생각나기도 한다. 얼마 전에는 수동기도원 개울가를 지나는 길에 잠시 멈추고 수련회 때 짓궂게 물싸움 하던 때를 회상해 보기도 하였다.

내가 인생의 황금기를 던졌던 가시적(可視的) 교회는 이제 이 땅에는 없다. 하지만 그때 나누던 말이나 사건들은 제자들 가슴에 남아 있으리라고 믿는다. 그리고 당시엔 '잔소리 혹은 지당한 말씀 차원'이었을 런지는 몰라도 중년이 되어가는 즈음에는 하나 둘씩 이해를 하게 될 것으로 생각된다.

이따금씩 찾아오는 제자들에게는 "부모는 자식으로 말하고, 스승은 제자로 말한다. 자네들이 그 때를 기억하고 살아만 준다면 나는 누가 뭐라 해도 스스로를 성공한 목회자로 알겠다"고 말해 주곤 한다.

나에게는 소박한 꿈이 있다.

제자들이 드센 세파에 시달리면서도 진실하게 살았으면 좋겠고, 이따금씩은 '함께 뒹굴던 때'를 떠올려 주었으면 좋겠다. 물론 20년이 한결같던 아내의 수제비도 함께....


## 목양적 동기


나의 목회자로써의 출발은 일반목회였고, 가정같은 교회였기에 새벽에는 한분 한분의 이름을 부르며 기도할 수 있었던 너무나 행복한 목회였다. 하지만 그토록 사랑했던 분들이 막상 가시는 길에는 충분한 준비를 시켜 드리지 못한 채 보내드린 것 같아서 목회자로써의 미안함이 있었다.

김 OO 집사님은 정체감으로 힘들어 하던 개척목회 시절. 아픔에 함께 하신 잊을 수 없는 분으로써 천국엘 가서는 찾아서라도 만나보고 싶은 분이시다.

새벽에는 그 한분을 모시러 산본까지 차량 운행을 할 정도로 나에게는 너무나 소중하셨고, 가끔 "이런 성도 5분만 계시면 개척 목회도 할 만 하겠다"는 생각을 갖게도 하셨다.

하루는 새벽기도회를 마치고 상담할 것이 있다고 하셨다.

자궁암이라는 것이었다. 충격을 받기는 나도 마찬가지였다. 그때부터 나는 차량이 없던 그 가정의 기사가 되어 병원에 동행하는 일을 최우선시 하였다.

그런데 그것도 한계가 있었고 결국은 최종 치유불가 선고를 받게 되었다. 너무나 마음이 아팠다. 그로부터 소천하실 때까지 내가 한 일은 오직 치유 관련 말씀과 기도뿐이었다. 심지어는 돌아가시기 하루 전에도 "주여 나의 병든 몸을 지금 고쳐 주옵소서"를 목이 메도록 불렀으니까.

호스피스에 대한 상식이 없던 당시의 나는 그렇게 하는 것이 목회자로서의 도리를 다하는 것인 줄 알았다.

하지만 지금에 와서 생각해 보니 나는 '하나님 뜻과 인간 뜻'을 혼동한 것이었다. 생(生)에 집착하는 것은 인간 본능이고, 사명을 마쳤을 때 안식과 보상의 나라로 부르시려는 것은 하나님의 계획이다. 나는 needs와 wants를 구별하지 못했던 것이었다.

나는 워낙 신실하셨고 늘 소녀같이 수줍은 미소가 특징이던 그

분의 천국 입성을 굳게 믿고 있다. 그렇지만 가시는 길의 마지막 모습은 아쉬움이 많아 보였다. 비가 많이 오는 날. 장례식을 정성껏 집례 해 드렸고 가족들로부터는 정중히 인사도 받았다. 하지만 남는 것이 있었다. 찬란한 미래에 대한 좀 더 확고한 확신을 가지고 과거사를 깔끔히 정리하여 인생 숙제를 해 놓은 사람처럼 사모하는 중에(고후 5:8) 평화로이 지내다가 가시도록 도와 드렸어야 했는데..

당시 내가 호스피스에 대한 이해가 상식 선 정도라도 있었다면 일방적 최선(?)을 다하는 일은 없었을 것이다.


마지막 과정에서 절대적으로 요구되는 것은 평안이다.

영적 존재인 인간은 근본적으로 영원(본향)에 대한 그리움을 가지고 살아간다.

우리의 삶은 이 땅에서만이 유지되는 것이 아니다.

평소 믿음생활이 충실하던 분들도 최종선고 앞에서는 일단 예외 없이 흔들린다. 본능이다. 하지만 그 흔들림이 사망시까지 지속한다면 심각하다. 삶의 질은 엉망이 되기 때문이다. 이 흔들림을 잡아 주기 위한 지속적 지지가 필요하다.


때로는 직설적이어야 하기에 아픔이 따르고, 설득도 쉬운 일도 아니지만 성령님을 의지하면서 그래도 설교 등을 통한 영적지지는 계속되어야 한다.

이런 의미에서 설교는 의식화 활동이라고도 할 수 있다.

나의 편저 '호스피스 병동 24시'(엘멘. 2002)는 이러한 지도자들의 고충을 이해하고 그동안 현장에서 실제 활용되던 요약설교를 총 360페이지 중에서 약 200페이지에 걸쳐 수록하였다.

현대 의학적으로 터미널 과정으로 판정이 되었다면 일단 이를 인정하는 것이 중요하다. 간혹 "그간 돌보던 이들 가운데 회복된 분은 몇분이나 계시나?"는 질문을 받는다. 한분도 안 계신다. 재원 일자가 국내적으로는 20일이고 우리 병원의 경우 21일이다" 머뭇거릴 시간이 없다. 아름다운 마무리를 준비하기에도 시간이 너무 촉박하다.

최근 들어 '전인치유'라는 용어가 자주 사용되고 있다.

'전인적 인간이 겪는 고통을 전인적으로 이해하고 육체 뿐만이 아니라 정신적, 사회적, 영적으로  돌본다'는 의미에서는 매우 타당성이 있다.

하지만 위의 명분을 빌어 생명연장을 위한 적극적인 치유행위를 시도하는 것에는 동의할 수 없다. 호스피스 환자에게 검증되지도 않은 치료의학을 도입하거나 근거없는 희망을 제시하여 환우로 하여금 정체감이나 방향성의 큰 혼란을 겪게 하고, 가족에게는 엄청난 경제적 손실을 또다시 가중시킨다면 '삶의 질을 중시하여' 제정된 '호스피스. 완화의료법' 도입 취지에 정면으로 배치된다고 하겠다. 12년 혈류병을 앓던 여인이 주님을 만나기 전 상황을 "많은 의사에게 많은 괴로움을 받았고.."하신 마가복음 5장 26절 말씀을 떠올리게 하는 대목이다.

수년 전. 가까이 지내던 호스피스 전문의 M선생으로 부터 "호스피스 진단자에게 대체요법을 포함한 통합적 접근으로 적극적 치료의학을 도입하겠다"는 기관의 정책 변경을 통고 받았으며 "이젠 거취까지 생각하게 되었다"는 안타까운 소식을 들은 적이 있다.

언젠가 M 병원 원장님 조카의 가는 길에 함께 한 적이 있었다. 젊은 장교로써 해외 유학까지 다녀 온 앞날이 촉망되던 청년이었다. 또래의 자식을 둔 부모의 입장에서 마음이 아팠지만 이미 많이 깊어진 상태에서 만났기에 '호스피스적 접근'이 효과적이지 못해서 아쉬움이 컸다.

장례를 마친 후. 원장님은 "목사님. 입장이 이렇게 되고 보니 세상에는 사기꾼들이 너무 많다는 것을 알았어요"하는 것이었다.

경외로운 생명이 세상을 떠나는 시간은 옷깃을 여며야 하는 시간이다. 그 앞에서 지나친 경제 논리나 언어적 유희는 곤란하다. 더구나 '아니면 말고..'식은 너무나 무책임한 행동이다.

호스피스 종사자로써 경계해야 할 것이 있다.

오랫동안 이 분야에 종사하다보면 생명에 대한 경외심이나 예민함이 무디어지기 쉽다는 것과 환우의 입장을 이해하기 보다는 성취감을 위한 대상 정도로 여기게 될 여지가 있다는 것이다. 그 어떤 경우라도 생명은 성취 수단이 될 수는 없다.

우리는 매일 예배를 드린다.

그동안 혈루병 앓던 여인을 본문으로 한 설교는 해 본적이 없다(눅8:42~48). 아니 할 수가 없다. 재원 20일 정도 되는 분들 앞에서 그런 류의 설교가 무슨 의미가 있겠는가. 혼란만 가중시킬 뿐이다.

설립 초기엔 심방 차 오신 목회자들이 주로 '치유 설교'를 하곤 하였다. 목회자의 입장을 이해는 하면서도 모른 척 할 수는 없었다. 기다렸다가 만난 후, 이곳 현실을 알리고 실정에 맞는 위로를 부탁드리기도 하였다. 얼마 전에도 "치유 포기를 이해하지 못하겠다"고 하는 목회자를 보았다.

남은 자들을 괴롭히는 것은 "최선을 다하지 못했다"는 죄책감이다. 당연히 할 수 있는 한, 최선을 다하여야 한다. 하지만 여기엔 딜레마가 있다. 이런 때 일수록 냉철한 판단(Judge)이 요구된다.

호스피스의 목표는 길이(長)가 아니라 질(質)이다.

우리는 '최선'을 이야기 하지만, 호스피스 환자에게 최선은 무엇이며, 또 누구를 위한 최선인가? 내가 폐쇄적으로 느껴 질 만치 '순수(純粹) 호스피스'를 외치는 이유는 이러한 충정(衷情)에 있다.

나는 목회자로써 평소에 이런 숙제를 가지고 있던 중에 호스피스를 만났다.

# 3
—

# 기회가 복이다

**주님을 제대로 만나면** 사람들은 '인생을 걸고도 아깝지 않을 것 같은 어떤 사명감'을 느끼기도 한다. 그 강도(強度)는 빚진 자 심정의 정도(程度)와 비례할 것이다. 그래서 순교자가 나올 수 있고, 치열한 순교자적 삶도 가능한 것이다. 그런데 이처럼 뜨거운 마음도 기회를 얻어야 실현이 가능하다.

신앙인의 진짜 복은 '쓰는 복'이 아니라 '쓰임을 받는 복(사명)'이다. 그래서 사명자가 꼽아야 하는 최고의 복은 기회다. 불타는 사명 감도 기회가 주어져야 수행할 수 있다. 그런 의미에서 나와 우리 안 호선 식구들은 최고의 복을 받았다.

교계에서 누구라면 다 알고 있는 존경받는 목회자로 K목사님이 계신다. 일본 유학 등 많은 공부가 있으셨고 지성과 영성을 균형있게 갖춘 훌륭한 목회자로 명성이 있으셨기에 그 분 집회에 나 역시 아내와 함께 참석한 적도 있었다.

그분이 은퇴를 하게 되었을 때 어느 분이 '향 후 계획에 대하여' 물었다. "그동안 마음은 있었으나 시간을 내지 못해서 미루어 왔던 호스피스 봉사를 하고 싶다"고 하셨다. 나는 " 역시..."라는 생각을 하였다.

그 후 나의 사역과도 관련이 있었기에 관심있게 그분의 소식을 기다려 보았다. 하지만 오랜 시간이 지났어도 그분의 활동 소식은 들을 수 없었다. 한번은 궁금하여 시무하시던 Y교회로 문의를 해 보았다. 하지만 "그런 활동 소식은 들어 본적이 없다"는 것이었다. 나는 "아! 이 사역도 기회를 주셔야 하게 되는구나"하는 생각을 하게 되었다.

호스피스 전문 봉사자 교육은 여러가지 경로를 통하여 홍보하게 된다. 그렇다고 모든 사람들 눈에 띄는 것은 아니다. 교육에 참여했더라도 모두가 수료하는 것도 아니다. 수료는 했더라도 모두가 봉사나 후원으로 이어가는 것도 아니다. 이런 현상을 보면서 "봉사도 기회를 주셔야 하게 되는 구나!"하는 생각을 하게 된다.

가끔 이런 저런 이유로 도중 하차 소식을 듣는다. 여건 상 어려운 경우도 있을 것이고, 철학의 빈곤도 있을 것이다. 하지만 결론적으로 "이 분에게는 기회를 주지 않으시는 구나"하는 생각을 하게 된다.

나는 원래 강골이 아니다. 약간은 내성적이기에 남 앞에 서는 일에 부담을 많이 느끼던 사람이다. 그래서 어떤 외부 청함에도 일단 고사(固辭)하는 측면이 강했다.

그런데 어느 날 문득 "어쩌면 기회의 복을 뿌리치는 것일 수도 있겠다"하는 생각이 들었다. 그때부터는 외부로부터 오는 어떤 청함이 "순수 섬김"일 경우. 일단은 긍정적으로 수용하기 시작하였다.

이것이 안호선 설립을 포함하여 협회. 학회 등 연합 사업에 참여하게 된 동기이기도 하고, 특히 최근 과도기에 있는 화성호스피스 회장직을 잠정적이지만 섬기게 된 것도 이런 맥락에서 이해할 수 있다.

사실 회고해 보건데 내가 만일 안호선과 관련한 '부르심'을 이런 저런 이유(당시엔 담임 목회자라는 이유)로 피했다면, 주님의 눈길이 24시간 고정되어 있는 2500여분을 애써 외면한 셈이 되지 않았을까? 물론 주님께서는 다른 일꾼을 통해서라도 한번 세우신 뜻을 이루어는 가시겠지만 이와 관련해서 나에게는 아무런 일도 일어나지 않았을 것이다. 나는 자칫 '한 달란트를 받아 땅에 묻어 두었던 앞뒤가 꽉 막힌 종'과 똑같은 어리석음을 반복할 뻔하였다. 생각만 해도 아찔하다.

나는 가끔 호스피스 사역을 '천사가 흠모할만한 사역'이라는 생각을 한다. 모든 봉사는 그 자체가 아름답다. 이토록 메마른 세상. 팍팍한 삶에 남을 위하여 관심을 갖는다는 자체가 얼마나 위대한가.

그런데 그 가운데서도 생산성으로 이야기하자면, 호스피스 만큼의 높은 생산성을 가진 사업이 있을까? 같은 조건(시간. 물질)을 가지고, 최고의 가치인 생명, 그것도 아름다운 마무리를 준비해야 하는 분들의 곁을 지키는 봉사! 세상 어느 가치에다가 비교할 수 있을까?. 과연 천사가 흠모할 만한 일이 아닌가.

호스피스들은 (가시는 분들로 하여금) "그래도 세상은 아름다웠어. 그래도 세상은 살만한 가치가 분명히 있었어. 많이 힘들었지만 나름대로는 잘 살고 가는 거야.."라고 느끼고 가시도록 도와야 할 사명이 있다. 그래서 호스피스 봉사자 교육은 지식 전달이나 기술 습득 차원이 아니라 '혼(魂)의 훈련'이어야 한다. 이따금씩 "뭔가 잔뜩 들은 것 같은데 남는 것이 없어요"라는 말을 듣는다. 지식 중심 교육의 한계다.

백번을 양보해도 호스피스는 천사가 할 수 없다.

그런데 이렇게 귀한 일도 주셔야만 받을 수 있다.


빌립보서 2장 13절에서 "너희 안에서 행하시는 이는 하나님이시니 자기의 기쁘신 뜻을 위하여 너희에게 소원을 두고 행하게 하시나니"라고 하셨다.

그러니까 이 거룩한 주님 사업에 봉사로, 후원으로, 재능기부 등으로 참여하고 있는 우리 안호선 식구들은 기가 막힌 복을 받은 것이다.


또 계시록 22장 12절에서는 "보라 내가 속히 오리니 내가 줄 상이 내게 있어 각 사람에게 그가 행한 대로 갚아 주리라"하셨으니 지금은 은사에 따른 역할이 다르지만, 이와 관련 총체적 평가에서 우리는 각자 충성도에 따라 당연히 상을 공유(共有)하게 사명자가 받은 최고의 복은 기회가 될것이다. 그 날을 생각하다 보면 숨 고르기 조차 벅차지 않은가.

# 사람이 복이다 1

- 나는 땅에서 천사를 만났다

주님께서는 이 사업을 친히 계획하셨다는 것을 입증하기 위하여 기회에 이어서 보석같은 분들을 준비해 놓으셨다. 내가 지금까지 비교적 대과(大過)없이 이 길을 걷게 된 것도 주께서 천사들을 준비시키셨다가 적시 적소에서 만나게 하셨기에 가능했다.

## ● 메트로병원 이야기 1

메트로병원과 안호선은 매년 협약서(MOU)를 갱신하고 있다. 체결 당시는 "호스티스 선교냐?"던 시절이었는데 이미 '호스피스 마인드'를 가지고 있었다는 사실이 놀랍기만 하다. 병원 측은 다인실(6인실) 병실을 배당하여 섬김의 현장을 제공해 주셨다.

그때를 생각하면 지금도 뭉클하다. 책상은 사무용 겸 설교 강단이 되었다. 이처럼 아름답고 거룩한 강단이 또 있을까. 그 후 성문기독교백화점 김병하 사장님(현 네팔선교사)이 기증하신 강단을 지금까지 사용하고 있다. 그 강단 메시지를 들으며 얼마나 많은 영혼들이 서러움과 아쉬움, 두려움을 극복하고 위로와 소망 그리고 확신 가운데 아버지 품에 안기셨는지 모른다.

호스피스의 궁극 목표는 평안이다. 외부 강의에서 이곳 실정을 듣고 확인 차(?) 방문하는 경우가 있었는데 환우들의 안정된 모습을 보고는 "이분들이 그분들인가?"며 놀라는 분도 보았다.

우리 교회(참빛교회)는 청년 중심 교회로 다행히 심방이 많지 않았기에 병원 사역에 집중할 수 있었다. 나는 9시쯤 출근하여 어두워서 퇴근하는 경우가 많았는데 한번은 로비에서 만난 당시 이충순 이사장님은 "목사님이 저 보다 병원에 더 오래 머물고 계시네요" 하기도 하셨다.

그 후로, 부임하신 현 이대순 이사장님은 처음부터 매우 호의적이셨다. 쉼터 부지를 물색하고 있을 때, 근처 부지를 소개해 주기도 하셨고, 조언도 해 주셔서 비봉을 선택하는데 도움도 주셨다. 천사운동에는 의미있는 1004만원을 지원해 주셔서 큰 감동을 주셨다. 현재로 장소가 정해졌을 때는 '농촌이기에 필요할 것'이라면서 대형 하우스 파이프를 한 차 가득히 보내 주셔서 지금까지 아주 유용하게 사용하고 있다.

간혹 안호선 활동에 대한 이해가 부족한 직원들에게는 선교회 역할을 이해시켜 주시곤 하여 위축됨 없이 활동하도록 지지해 주셨다. 작년에는 예배용 성경 셋트 구비와 봉사자 역량 강화를 위한 교육 프로그램 소요 경비 등을 지원해 주시기도 하셨다, 다시한번 마음 깊이 존경과 감사의 말씀을 드린다.

김희진 부이사장님은 정기적으로 스텝 회의를 주제 하신다. 각 분야의 애로들을 직접 들으시고 제도 등의 개선 및 보완을 결정하신다. 특히 틈틈이 실무자들과의 식사 자리를 마련하셔서 사기를 북돋아 주신다.

김상규 관리이사님은 병동 구조 문제에 많은 신경을 써 주신다. 특히 안호선의 큰 행사에는 장소의 애로가 없도록 내부 계획을 조정하시면서까지 공간을 제공해 주시며 적극 격려해 주신다.

설립 당시 병원장은 고대 명예교수(전 안암병원장) 주정화박사님이셨다. 강의 중간에 "울밑에선 봉선화야 네 모양이 처량하다"는 가곡을 부르시기도 하여 숙연한 분위기가 되기도 하였는데 호스피스 교육이 단순 지식 전달이나 기술 습득이 아닌 혼(魂) 교육이어야 함을 일깨워 주셨다.

한번은 식사를 마치고 정수기 앞에 섯을 때 마침 세척된 컵이 없었다. 박사님은 주저없이 사용한 컵을 사용하시는 것이 아닌가.

눈이 둥그레진 나를 보시고는 "6.25 생각나지 않으세요?"고 하셨다. 나는 노(老)학자로부터 틈틈이 달관(達觀)에 이르는 교훈을 얻었다. 퇴임하시고도 10년 이상을 소통하며 지냈는데 내가 강의 차 정동감리교회를 방문했을 때는 다리 수술로 불편하신 몸에도 오셔서 수강도 하시며 "강의가 귀에 쏙 들어 오네요"시며 격려해 주기도 하셨다.

소천하시기 얼마 전에는 입원해 계신 병원을 찾아뵙고 기도를 해 드렸는데 그것이 마지막 뵙는 기회가 되었다. 사모님께서는 "부담을 주지 말라"는 고인 뜻에 따라 장례 후에야 소식을 보내 오셨다. 섭섭하고 안타까운 마음이 크지만 본향 해후(邂逅)를 기다리면서 참고 있다.

당시 주치의는 이헌영 과장님(현 요양병원장. 지도위원)이셨다.

과장님은 봉사자 교육시엔 "호스피스 환자에게 제가 할 일이란 아주 작은 부분입니다. 나머지는 모두 여러분들의 몫입니다"는 크로징 멘트로 감동을 주셨다. 과장님은 원래가 목사에 대하여 약간의 거부감(?)이 있으시다고 들었다. (정성껏 치료해 놓으면)"기도해 줘서 나았다"고 하기 때문이라고 했다. 많이 조심스러웠다. 하지만 몇년이 지난 어느 날. 박미경 선생님으로 부터 "딱 한사람 그렇지 않은 사람이 있어. 김승주 목사야"하셨다는 소식을 듣고 우리 모두는 주님께 영광을 올려 드리기도 하였다. 과장님은 그 후로부터 지금까지 안호선에 대하여 매우 호의적이시다.

현 한윤경 병원장님은 우리 입장을 십분 이해해 주시고 활동에 어려움이 없도록 여러 면에서 많은 배려를 해 주신다. 이 자리를 빌어 감사를 드린다.

이정수 업무과장님은 설립 시부터 안호선의 보호자이시다.

우리 입장에서는 이것 저것 필요한 것이 얼마나 많겠는가. 그때마다 불편함이 없도록 적극 지원해 주신다. 우리는 크고 작은 일이 생길 때마다 귀찮을 정도로 과장님을 찾아간다. 삼자에게는 "과장님은 우리 보호자세요" 소개하기도 한다.

## 사람이 복이다 2
- 나는 땅에서 천사를 만났다

### ● 메트로병원 이야기 2

지금의 주치의는 전세현 과장님이시다. 때로는 환우들 병상에 같이 앉으셔서 손도 잡아 주시고 눈높이를 맞추신다. 과장님과 함께 섬김의 길을 걸어 온 시간이 벌써 10년이 지났으니 이제는 가족과 같다. 봉사자들도 개인적 건강 문제에 대하여는 진료 과목과 상관없이 일단 과장님께 상담을 드릴 정도다. 나와는 한국호스피스협회 이사로, 호스피스완화의료 전문인력 강사로(암센터)로 같은 길을 걷고 있으며 바쁜 가운데서도 로뎀나무 촉탁의로도 수고해 주신다.

박종우 과장님은 새로이 호스피스 주치의로 합류하셨다.

그런데 전혀 낯설지가 않다. 이전부터 후원자이시기 때문이다. 특히 영육간의 조화있는 치유를 추구하시며 영적 돌봄의 필요를 느끼면 즉각 연락을 주셔서 우리의 돌봄이 좀더 구체화 되도록 도우신다. 신우회장으로 송년기도회에 참석하여서는 "수고는 간호사와 봉사자들이 하시는데 영광은 의사가 누리는 것 같아서 죄송합니다"는 덕담으로 감동을 선사하기도 하셨다.

김경숙 소장님도 많이 고마우시다. 협력사업이 시작된 후, 엉거주춤 상태였는데 소식을 접하시고는 먼저 찾아 주시고 같은 권속으로써 격려를 아끼지 않으셨다. 그 후로도 후원회원으로 함께 하시며 개인적 문제를 기도로 함께 나눌 정도로 가까이 지내고 있다. 봉사자 교육에는 강사로 함께 해 주셔서 우리에게 신 의학지식 등을 많이 전해 주기도 하셨다.

결코 잊을 수 없는 분이 박미경 수선생님이시다.

선생님과의 동역은 참으로 아름다웠다. 우리 입장에서는 아무래도 병원 분위기 적응에 부담이 클 수 밖에 없었다. 선생님은 중간 입장에서 분위기 조정을 잘해 주셨고 특히 큐티 시간을 갖게 하는 등 영적으로도 잘 준비시켜서 연합 선교 사업이 성공적으로 정착하게 하는 데에 크게 기여하신 분이시다.

간호사 중 나를 통해서 세례를 받은 분들이 있었으니 그때의 영적 분위기가 어떠했음을 짐작할 수 있으리라. 주께서 크게 기뻐하실 것으로 생각된다. 현존 간호사 가운데는 안호선 원년 멤버로 왕

고참 박선미님(사모). 현정숙 간호사님(5병동 수간호사)이 있다.

지금 손영희 수선생님은 권사이시다.

항상 웃으면서 병실 분위기를 화목하게 이끄시는 피스메이커시다. 이러한 선생님의 통솔력 때문에 이곳은 늘 따뜻한 분위기가 연출되고 있다. 그 가운데는 류우숙 간호사님도 사모이시고 스텝 가운데는 신앙인(천주교 포함)들이 많다. 종교를 불문하고 따뜻함은 호스피스병동의 스텝간의 특징 중 특징이다.

코디로 수고하시는 최지은 사회사업실장님은 집사이시다.

다학제 전문인들의 모임이기에 자칫, 경직되기 쉬운 관계이지만 상호 불필요한 긴장이 생기지 않도록 조정하시는 모습이 아름답고 훌륭하시다. 돌봄의 본질과 궁극의 목표가 무엇인지를 늘 생각하시는 분이시다. 든든하다.

그 외 병원 식구 분들 가운데는 후원금을 원천 징수하여 우리를 돕는 분들이 많다. 일일이 인사를 드릴 수는 없지만 이 자리를 빌어 고마운 마음을 드린다.

새롭게 도입된 도우미 팀에는 우리 안호선 회원들이 몇 분 있다.

잘 훈련된 봉사 마인드에 감동을 받은 무종교 동료들 중에는 신앙을 갖게 된 분들이 있다는 소식을 들으며 하나님께 영광을 올려 드리고 있다. 언젠가 안호선 활동에 감동을 받은 어느 불신자 분으로부터 들었던 "전도 뭐 별건 가요?" 말이 생각나게 한다.

장례식장 박귀종 사장님도 변함없는 지지자로써 후원금도 지속적으로 보내 주시고, 특히 임종연습 교육시간에는 조용한 공간을 제공하여 입관체험이 현실감 있게 진행되도록 배려하신다.

설립 당시. 나의 개인적 주치의이셨던 정준근 과장님은 후에 의원(정준근 내과)을 개원하신 후에도 그때의 인연을 귀히 여기시고 매년 많은 후원금을 보내 주시며 격려를 이어 가신다. 고마운 마음이 크다.

직원 대부분은 안호선 활동에 대하여 매우 호의적이어서 20년간을 전혀 낯설지 않게 활동을 해 오고 있다.

언젠가 이사장님은 "애로가 없는지.."를 물으셨을 때 "집 같습니다"고 말씀 드린 적도 있는데. 실제로 봉사자들은 '우리 병원'이라고 부른다. 봉사 뿐 아니라, 고객도 되고, 환자 소개 홍보대사도 한다. 교육 수료생 2,400여명은 이 지역사회에서 홍보대사가 아니겠는가. 로뎀나무 입소 상담 중 돌봄 범위를 넘거나, 돌보던 증 상태가 악화될 때는 자연스럽게 의료전달체계 메트로병원으로 이송하고 있다.

피차간에 이 얼마나 큰 자산인가.

직원들과는 "우리는 월급만 받지 않는 병원 직원이에요"라는 덕담을 나누며 웃는다. 우리는 매월 정기기도회 때마다 동역자 메트로 병원을 위하여 합심기도를 드려 오고 있다.

언젠가 한국호스피스협회 동료이사 고(故) 문도호 선생님(전 샘병원 호스피스 담당과장)은 사석에서 "목사님. 메트로와 안호선의 만남은 가장 아이디얼한 만남이에요"하며 부러워도 하셨다. 밖에서 보기에도 이토록 아름답게 보임은 그동안 쌓아 온 상호 깊은 신뢰에 근거한다.

안호선이 의료기관 중에서도 메트로를 동역자로 만난 것은 최고의 복을 받은 것이다.

## 사람이 복이다 3
- 나는 땅에서 천사를 만났다

### ●안호선 이야기 1
먼저 안호선의 오늘이 있기까지 함께 해 주신 많은 동역자분들께 이 기회를 빌어 머리 숙여 고마운 마음을 드린다.

그러면서도 일일이 사례를 열거하지 못함도 이해해 주시기 바란다. 하지만 "하나님께 나아가는 자는 반드시 그가 계신 것과 또 자기를 찾는 자들에게 상 주시는 이심을 알아야 할찌니라"(히 11:6) 하셨고, "각 사람에게 그가 행한 대로 갚아 주리라"(계22:12)라고까지 하셨다. 더구나 '구체적 장부'까지 있다고 하셨으니(계 20:12) 이 얼마나 든든한가. 주님의 약속들이 위로가 되었으면 좋겠다.

주님은 '순종의 최고봉은 죽음'임을 친히 보여 주셨다.

사람들은 진정한 순종을 위해서는 많은 것을 포기해야 한다는 것에 두려움을 가지고 있다. 그 두려움 때문에 '평생을 믿는다'고 하는데도 이렇다 할 흔적을 남기지 못한다.

하지만 샌님이 잘 믿는 것은 결코 아니다. 우물 주물 하다간 오히려 '한 달란트의 악한 종'으로 추락할 개연성이 매우 농후하다.

"두려워하여 나가서 당신의 달란트를 땅에 감추어 두었었나이다 보소서 당신의 것을 가지셨나이다 그 주인이 대답하여 이르되 악하고 게으른 종아 나는 심지 않은 데서 거두고 헤치지 않은 데서 모으는 줄로 네가 알았느냐 그러면 네가 마땅히 내 돈을 취리하는 자들에게나 맡겼다가 내가 돌아와서 내 원금과 이자를 받게 하였을 것이니라 하고 그에게서 그 한 달란트를 빼앗아 열 달란트 가진 자에게 주라 무릇 있는 자는 받아 풍족하게 되고 없는 자는 그 있는 것까지 빼앗기리라 이 무익한 종을 바깥 어두운 데로 내쫓으라 거기서 슬피 울며 이를 갈리라 하니라"(마 25:25-30)

웃어 넘길 수만도 없는 이야기가 있다. "저는 술도 않했고, 담배도 하지 않았어요. ○○도 하지 않았고. ○○도 하지 않았고 ○○도

하지 않았어요..."

가만히 듣고 계시던 주님이 "잠깐! 안 들어 보아도 알겠다. 그럼 너는 도데체 한 일이 뭐가 있는데?" 하실 꺼란다. 이렇게 놓고 볼 때, 우리 안호선은 그 두려움의 벽을 용감하게 돌파한 분들이 모인 곳이다.

안호선은 연합사업이다. 슈퍼스타가 없다. 오직 묵묵히 수종드는 종들만 있을 뿐이고, 나는 방향타(舵) 수종을 들고 있을 뿐이다.

"형제가 연합하여 동거함이 어찌 그리 선하고 아름다운가"(시133:1)는 말씀이 구현되는 현장이 곧 안호선이다.

하나님의 일은 슈퍼스타가 하는 게 아니다. 아니 할 수도 없다.

감히 하나님의 일을 인간이 단독적으로 하겠다는 발상 자체가 어리석은 일이고 교만한 일이다.

바울은 기독교 최대 공헌자다.

오늘날 우리 손에 들려진 신약성경의 절반이 그에 의해서 쓰여 졌으니 그 공로를 어찌 말로 평가할 수 있으랴.

그는 아예 처음부터 이방 전도를 위하여 선택되어 우리네 같은 보통사람이라면 상상도 할 수 없는 시련과 역경 속에서도 굴하지 않고 소신껏 살다간 대쪽같은 선배다.

이쯤되면 그는 슈퍼스타처럼 보인다. 하지만 그것은 선입견이다.

로마서 16장에 등장하는 인물만해도 그가 얼마나 폭넓은 인간 관계 속에서 동역자들의 헌신 속에 사역을 감당해 왔는가를 엿보게 된다.

디모데를 위시해서 브리스가와 아굴라. 에베네도. 마리아. 인드로니고. 유니아. 암블리아. 스다구. 아벨레. 아리스도 블로. 헤로디온. 나깃수. 드르베나. 드루보사. 버시. 루포. 아순 그리노. 블레곤. 허메. 바르드바. 허마. 빌롤로고. 율리아. 네레오. 올름바.. 등.

심지어 "브리스가와 아굴라는 내 목숨을 위하여 자기들의 목까지도 내 놓았다"(롬 16:4)고 까지 하지 않았던가.

이들 이름을 일일이 열거하면서 바울은 어쩌면 눈물을 흘렸을런지도 모른다. 이토록 충직한 이들이 있었기에 바울의 사역도 그만치 완성도 높은 사역이 되지 않았을까.


이것은 동역자들 입장에서도 마찬가지이다.

가령 디모데는 디모데대로, 브리스길라와 아굴라는 그들대로 주께로부터 직접 받은 사명이 있었을 것이다. 그 사명이 바울이라는 동역자를 만났기에 뜻을 이루게 된 것이 아닐까. 안호선 회원 모두에게는 피차간 이와 같은 관계적 의미가 있다고 생각한다.

내가 이 글을 쓰는 이유 중 하나는 '세상에 특별한 사람은 없다'는 것을 강조하기 위함에도 있다. 주어진 여건에서 받은 달란트로 최선을 다했다면 그것이 곧 성공 아닌가. '상대적 빈곤'같은 사치스런 단어는 천국사전에는 없다.

  *그동안 2,500여 분에 이르는 '내 생명 만큼의 소중한 분들의 마
   지막 길에 함께 해드린 일.
  *2,400여 명이 '선한 사마리아인'으로써의 정체감을 되찾게 된 일
  *어떤 조건도 전제되지 아니한 동역자 간의 순수 우정과 연대감
  *심시일반 개미군단으로만 이루어 놓은 이토록 아름다운 '로뎀나
   무' 등
  이것은 세월이 그냥 던져 준 선물이 아니다. 지면 상. 일일이 다
열거 할 수 없으리만치 많은 회원(기관)들의 헌신이 오늘의 안호선
대하(大河)를 이루고 있다.


  매월 발간되는 소식지에는 봉사와 후원 현황이 상세하게 보고되
어 있다. 영수의 의미이다. 또한 쉼터에는 1차 기금 참여자 명단(천
사들의 합창)이 부착되어 있다.
  오해가 없었으면 좋겠다. 결코 과시용이 아니다. 장차 로뎀나무의
가지가 무성해 진 후, 가족들과 함께 손잡고 방문했을 때 보여 줄
수 있는 교육적 가치가 높다고 여기고 부착해 놓은 자료다.
  자녀가 '무조건 잘 살고 보겠다'는 무서운 사람이 되지 않기를 바
란다면 매우 의미있는 교육자료가 될 것이다.
  참여자 명단을 한분 한분 살피다보면 직접 뵌 적이 없는 분들이

절반은 되는 것 같다. 그 가운데는 특히 '떠나면서' 가족들에게 안호선 사업에 대한 지속적 관심을 부탁하고 가신 분들도 계시고, '좋은 집'(전 해관보육원. 당시 원장 정어진) 어린 친구들의 정성도 보인다. 생각하노라면 눈물이 난다.

얼마 전에는 이O신 회원(12기)으로부터 전화를 받았다,
"그동안 중단되었던 후원을 계속하고 싶다"시며 "내 나이 75살이다. 앞으로 하면 얼마나 하겠나. 할 수 있는데 까지는 최선을 다하고 싶다" 하셨다. 가슴 뭉쿨한 전화였다.
안호선은 이런 마음들이 모여서 키워가는 아름다운 나무다.


## 사람이 복이다 4
- 나는 땅에서 천사를 만났다

● 안호선 이야기 2
하나님을 제대로 만난 사람치고 감히 하나님과 거래하려는 사람은 없다. 그저 받은 은혜에 감격할 뿐이다. 어떤 행함이 있다면 순전히 자발적이다. 하지만 그렇다고 보고만 계실 분도 아니시다.
가령 부모 생일에 어린 자녀가 선물로 사 왔다고 가정해 보자. "왠 돈으로? "의아해 함에 "용돈을 절약해서..."라고 한다면, 감동받

고 가만히 있을 부모가 있겠는가. "어이구 내 새끼야. 다 컷구나"하
면서 선물 값의 몇 배라도 돌려 주지 않겠는가. 이래서 "네 인사는
네 인사. 내 인사는 내 인사"라는 말이 나오는 것 같다.

하나님은 '우리 인사'에 대하여 '당신 인사'를 잊지 않겠다고 약속
하셨다. 성경은 온통 보상 약속의 책이다.

"가난한 자를 불쌍히 여기는 것은 여호와께 꾸어 드리는 것이니 그의
선행을 그에게 갚아 주시리라"(잠19:17)

"너는 구제할 때에 오른손이 하는 것을 왼손이 모르게 하여 네 구제
함을 은밀하게 하라 은밀한 중에 보시는 너의 아버지께서 갚으시리라"
(마6:3~4)

"주라 그리하면 너희에게 줄 것이니 곧 후히 되어 누르고 흔들어 넘
치도록 하여 너희에게 안겨 주리라 너희가 헤아리는 그 헤아림으로 너
희도 헤아림을 도로 받을 것이니라"(눅 6:38)

"믿음이 없이는 하나님을 기쁘시게 하지 못하나니 하나님께 나아가
는 자는 반드시 그가 계신 것과 또한 그가 자기를 찾는 자들에게 상 주
시는 이심을 믿어야 할지니라"(히11:6)

"보라 내가 속히 오리니 내가 줄 상이 내게 있어 각 사람에게 그가
행한 대로 갚아 주리라"(계22:12)

셈법에는 2가지가 있다. 땅의 셈법과 하늘의 셈법이 그것이다.

우리는 하늘에 시민권을 가진 자다. 당연히 하늘의 법을 의식하며 살아야 한다. 우리는 살아오는 동안 땅 셈법에 매우 익숙해 있다. 하지만 신앙인이라면 쉽지는 않겠지만 하늘 셈법도 익혀야 한다. 땅에서 손해 보는 일 만큼 하늘에서는 상이 크다는 것을 익혀야 한다.

주님은 마지막 책 계시록에서 다시한번 강조하셨다.

계시록 20장12절에는 '우리 언행을 CCTV처럼 기록해 놓은 책이 있다' 하셨다.

방학 숙제에 최선을 다하였다면 개학은 두려운 것이 아니다.

오히려 과제물을 제대로 평가 받을 기회가 온다는 현실에 설레임을 가짐이 정상 아닌가.

히브리서 11장 6절에서 "하나님께 나아가는 자는 반드시 그가 계신 것과 자기를 찾는 자에게 상 주심을 믿어야 할찌니라"고 재차 언급하셨다.

'믿음으로 영생을 주겠다'시던 약속이 수천년이 지났어도 유효한 처럼 '행한 대로 보상하겠다'는 약속도 여전히 유효하다.

사람들은 '구원 약속'은 믿어지는데, '보상 약속'은 믿어지지가 않는 것 같다. 나는 그것이 너무도 신기하다. '사랑한다'면서도 정작 주를 위해 손해 볼 마음이 좀처럼 일어나지 않는 것을 나는 이해하기가 어렵다.

영원하신 분의 약속은 당대로 그치는 것이 아니다.

"나를 사랑하고 내 계명을 지키는 자에게는 천 대까지 은혜를 베푸느니라"(출 20:6).

성복교회 이태희 목사님은 한때 주먹세계에서 이름을 날리셨다고 했다. 그런 분이 주님을 만난 후, 삶은 180도 전환되었고 아주 귀한 사역을 해 오셨다. 같은 주먹세계에 있는 사람들을 선도하는 일에 그분 만큼의 설득력을 가진 이가 있을까.

언젠가 간증에서 자신은 너무 많은 복을 받았는데 순전히 아버지의 순교자적 삶 때문이라는 것이었다. 아버지는 교회 사찰로 지내신 분으로 6.25전쟁이 났을 때 "나 마져 피난 가버리면 종은 누가 치나?"면서 교회를 지키던 중, 새벽 종소리를 듣고 달려 온 인민군에 의하여 하반신에 소총 난사를 당하셨다고 한다. '순교적인 삶은 아버지께서 사시고, 복은 자신이 받는다'면서 숙연해 하셨다.

많은 교회가 어려움을 겪고 있다는데 오히려 급성장하는 교회들이 있다. 그럴만한 이유들이 있을 것이다. 그 중 한 교회가 사랑의교회 부목사 출신 이찬수 목사님이 시무하시는 분당우리교회다. 옥한흠 목사님은 생전 설교에서 "우리 교회 부목사 한 분의 아버지는 목사로써 금식기도 중에 돌아가셨다"고 하셨다. 실패했다는 이야기인가?. 아니다. 아버지의 순교적 삶을 지켜보신 주님께서는 그

아들을 아주 귀하게 여기실 것이라는 뜻이었을 것이다. 나는 이찬수 목사님에게서 부친의 모습을 그려 본다.

우리 가운데 넘겨 줄 "유산이 없다"고 안타까워하는 분이 있는가. 그것이 진심이라면 "감동하실 스토리를 만들어 놓으라"고 꼭 권하고 싶다. 그래도 여건이 그만할 때..

최근 지인 손석원 교수님(성결대 명예교수)은 "그동안 지켜보니 김 목사는 인복(人福)이 많은 것 같다"고 하셨다.

덕담이라고 생각했지만, 가만히 생각해 보니 사실이었다.

아무리 뜨거운 마음이라도 혼자 할 수는 없는 노릇 아닌가.

더구나 나는 인격이나 능력 면에서 함량이 너무 부족하고, 여전히 남아 있는 죄성으로 괴로움이 많은 나약한 존재다.

그럼에도 지금까지 정말 귀하게 쓰임을 받아 왔다. '전적 은혜' 아니고서는 달리 답을 찾을 수가 없다. 그런 의미에서 "주께로부터 인복을 받았다"시던 그분의 진단은 매우 정확했다.

그렇다. 우선 내가 받은 최고의 복은 기회다. 주님은 그것을 입증이라도 하시려는 듯 보석같은 분들을 많이 보내 주셨다. 내가 본 그들은 모두가 천사였다. 나는 땅에서 천사들을 만난 것이다..

# 5

—

# 우리에게 철학이 있는가(1)

**안호선** 봉사철학은 "나는 한사람의 영혼을 사랑하는데 필요하다면 모든 것을 포기할 수 있다"이다. 이는 "나는 양을 위하여 목숨을 버리노라"(요 10:15)시던 말씀에 근거하여 겁도 없이 제정되었다.

엉겁결에 사명을 받기는 하였는데 난감했다. 잠이 올 리가 없었다. 틈틈이 기도원을 오르면서 "이 일을 어떻게 하면 좋겠습니까?" 여쭈었다.

그런데 그로부터 얼마 만엔가 스쳐가 듯 떠오르는 문구가 있었다.

모세가 돌판 십계명을 받았을 때를 생각 키우는(출 31:18) 거짓

말 같이 또렷한 문구였다. 그것이 자구하나 틀리지 않은 위의 문구였다.

나는 신비주의자가 아니다. 그럼에도 무시할 수 없는 개인적인 경험들이 있다. 하도 신기하여 주변 분들에게 '들어 보신 적이 있는지'를 물었지만 한결같이 "처음이다"하였다.

"아! 직접 주시는 말씀이구나"는 생각이 들었고, 서예가 안양제일교회 오윤자 권사님께 부탁을 하여 액자화 하여 사무실에 걸어 놓고 20년 째 봉사자들이 현장에 투입되기 전. 이 구호를 외치고 들어가도록 하고 있다.

안호선의 봉사 철학은 2가지로 요약할 수 있다.

● 목적은 '사랑'!

각자 역할의 차이는 있을 수가 있다. 하지만 우리 모두는 일관된 목표를 가지고 있다. 영혼 사랑이다. 그것도 한 사람에 집중되어 있다.

언젠가는 "정신이 또렷한 사람도 전도하기가 어려운데 비몽사몽. 오락가락하는 사람에게 전도가 되겠느냐"는 말을 한다는 말을 들었다. 한참 잘못된 인식이다. 전도는 왜 해야 하는지도 모르면서 전도 이야기를 하고 있다.

전도의 목적이 무엇인가. 사랑 아닌가. 사랑하기에 전도도 하고 돌보기도 하는 것이 아닌가. 어처구니가 없다.


비몽사몽이라고 하니 생각이 나는 분이 있다.

한 분이 상태가 나빠져서 임종실로 옮겨졌다는 연락이 왔다. 급히 달려가 보니 이미 눈이 초점을 잃었고, 가래(?) 소리도 들릴 듯 말 듯해진 금방이라도 떠나실 것 같은 상태였다. 하지만 평시와 같이 조용히 '영혼을 부탁드리는 임종기도'를 드렸다.

그런데 놀라운 일이 일어났다.

기도를 마치니 "아멘"하는 게 아닌가. 같이 있던 두분의 도우미 역시 놀라고 있었다. 얼마 못가서 부르심을 받으셨지만 님은 '마지막까지 돌봄의 끈을 놓지 말아야 하는 이유'를 알게 하셨다. 흔히 '속도보다는 방향'이라고 한다. 전도나 봉사에 열심을 내는 것도 중요하지만 목적은 더 중요하다. 봉사의 목적은 '사랑'이다.


● 방법은 '포기'

연합사업은 너무나 중요하다. 하지만 너무나 힘들다. 그래서 어느 정도는 고집도 성질도 있어야 한다. 그런데 성질 부리면 끝장이다.

지금까지 안호선에는 조그마한 잡음조차 없었다는 점에 크게 감사하고 있다. 이곳은 여러 교회 성도님들이 모여서 땀을 흘리는 곳이다.

듣기로는 대부분이 교회 내에서 열심 면에서 둘째라면 서러워

할 분들이라고 했다. 하긴 그런 분들이시니 이런 일도 하게 되는구나 생각한다. 자칫 이런 저런 충돌과 잡음이 들릴 만도 하지만 늘 조용하다. 모두가 봉사철학을 중심에 두고 있기 때문이라고 생각한다.

이런 우리의 마음가짐은 메트로병원과의 협약을 체결 당시부터 가지고 있었다. 오직 선교적 봉사 활동만 담보된다면 혹 있을 수 있는 '어떤 반대 급부도 사양하겠다'는 의지를 표명하였고, 일환으로 봉사자들의 식사를 매식하겠다고 하였다.(후에 상근자는 병원의 강제? 로 제공해 주심)

환우 분들의 자기 부담금(당시엔 10%) 전액을 대납해 드렸다. 그간 대납비가 약 2억원에 이른다. 터미널 단계에 이를 즈음엔 대개 경제적 타격이 입게 되고 돈 때문에 심리적으로도 위축되어 있다. 소유 정도와 상관없이 정말 아무런 부담없이 가시도록 해 드리고 싶었다.

대납 제도는 굳게 닫힌 마음을 여는 데 크게 기여하였다. 내용을 알게 된 많은 환우분들이 마음을 열고 복음을 받아 드렸다.

여기에는 적지 않은 돈이 소요되었지만, 취지를 이해하고 격려해 주신는 분들 때문에 그토록 아름다운 꿈도 실현이 가능해 질 수가 있었다. 당시엔 IMF 시절이므로 또 하나의 기적으로 기억된다. 그 정신은 지금 로뎀나무에서 동일하게 적용되고 있다.

당시엔 50대 초. 펄 펄 뛸 때가 아니었던가.

초기 몇 년간은 가능하면 한 밤중에라도 임종을 지켜 드리려고 했다. 간호사실에 임종이 예측되면 언제든지 연락을 부탁해 놓고 한 밤중이라도 뛰어 나가서 임종 순간을 지켜 드리곤 했다. 한밤중의 일이라 아내는 덩달아 잠을 설치게 되고, 임종과정이 오래 걸리는 경우 새벽기도를 맞추지 못하여 성도님들에게 미안하기도 하였지만 이해를 해 주어서 소신을 지킬 수 있었다. 기왕에 맡았으니 혼신을 다하고 싶었다. 지금 생각해도 너무 아름다웠던 추억이다.

오랫동안 사역을 하다보면 초심에 변질이 오기가 쉽다.

자칫 메너리즘에 빠지기 쉽고, 나중엔 성취감의 도구로 착각될 수도 있다. 위기다. 이 정도가 되면 양심 상 서로를 위하여 잠시 손을 놓는 것도 생각해 볼 수 있다. 우리는 어디까지나 환우를 위해서 존재해야 한다. 손해 볼 의지도 없는 사랑노래는 언어적 유희에 지나지 않는다. 사랑의 진짜 이름은 희생이다.

어느 분이 섹스폰을 배워서 요양원 봉사를 다니고 있다.

언젠가는 시장님 격려도 받았다면서 보람도 있어 했다. 그런데 옆집 요양원에서 시설 벽에 안전 운전을 경고하기 위해 요양원 표지를 붙였다. 이를 본 그는 불같은 화를 내며 "우리 집을 요양원으로 착각하겠다(집값 하락 염려?)"며 격렬히 항의를 하는 것을 보았다. 그 사람의 요양원 봉사는 무슨 의미가 있을까? 생각해 본다. 자기 의(義)를 가지고도 좋은 일은 얼마든지 할 수 있다. 하지만 자기 성취감을 위한 봉사(?)는 위험하다. 주님은 모르시는 일이기 때문이다.

"나더러 주여 주여 하는 자마다 다 천국에 들어갈 것이 아니요 다만 하늘에 계신 내 아버지의 뜻대로 행하는 자라야 들어가리라 그 날에 많은 사람이 나더러 이르되 주여 주여 우리가 주의 이름으로 선지자 노릇 하며 주의 이름으로 귀신을 쫓아 내며 주의 이름으로 많은 권능을 행하지 아니하였나이까 하리니 그 때에 내가 그들에게 밝히 말하되 내가 너희를 도무지 알지 못하니 불법을 행하는 자들아 내게서 떠나가라 하리라"(마7: 21~23).


안호선 식구들에게서 영혼 사랑의 순수함을 본다.

안호선에는 성직자분들도 여러분이 계신다.

그분들이 전도 도그마에만 빠졌다면 그럴 시간에 당신 교회 주변 전도를 나가야 할 것이다. 호스피스! 사랑 그 이상도 이하도 아니다.

# 우리에게 철학은 있는가(2)

## ● 포기와 쉼터 이야기

호스피스 쉼터의 필요를 절감하고 천사운동을 시작하였다.

동역자들의 협조로 빠른 속도감을 보였고 얼마 가지 않아서 비봉에 소재한 낙후 가옥이 달린 부지 약 1000평을 매입하게 되었다. 그곳은 농촌이었기에 토지 거래 허가를 득해야 했다. 실수요자임을 입증하기 위하여 당분간 숙식을 라면으로 해결하면서 행정기관 실사에 대비해야 했다. 사용하지 않던 사랑방을 숙소로 사용하려다 보니 온통 서(鼠)선생의 분비물 투성이었다.

그렇게 몇일을 지내게 되었는데 밤이면 천정 극성이 장난이 아니였다. 한번은 한 밤중에 묵직하고 둔탁한 무엇이 가슴으로 떨어지는 것 같았다. 큰 쥐였다. 장롱 뒤로 숨어 다니는 놈과 숨바꼭질을 하노라 밤을 새다시피 하던 재미(?)있는 에피소드가 있다.

모든 허가를 득하고 나니 부지 경계가 궁금하였다.

일단 측량사를 통하여 경계를 확인하였는데 현황과는 거리가 있었다(후에 확인 결과 측량사의 오류가 있었음을 측량사가 시인 함). 그 과정에서 땅도둑으로 오해를 사기도 하였다.

난감하고 기가 막혔다. 시작도 전에 도둑으로 몰려가니 많이 안타까웠다. 하지만 결론적으로 2차 측량에서 '오해'라는 것이 판명이

났고, '경솔했던 행동'이 미안했기 때문인지 잘하려는 모습이 눈에 보인다.

나는 없던 일로 한지 오래다. 이제는 첫 열매라면서 호박과 버섯. 은행 열매. 햇밤을 수확하면 가져 오신다. 병원으로 나르는 호박자루도 그분이 주시는 것이다. 따님 결혼식에 초청받기도 하였고 나는 가물 때는 우리 지하수를 대어 드리기도 하고 명절이 되면 조그마한 마음의 선물도 드린다.


포기! 하면 옆집을 빼 놓을 수 없다.

본격적인 건축을 위하여 정식 측량을 해 보니 우리 땅의 상당 부분을 이웃집이 진입로로 사용하고 있었다.

그 터는 지금의 건물이 들어서는데에 꼭 필요했던 면적이었다.

매도자로 부터 그 땅이 원래 우리 땅이었다고 들은 바도 있었기에 건축 시엔 자연스럽게 물려 줄 것으로 믿었다.

하지만 그것은 내 생각이었다. 흔히 경험 하는 일이라고는 한다지만 그 터를 찾아 오는데 어려움을 많이 겪었고 그로 인하여 다툼도 있었다. 그 와중에서 차마 옮길수 없는 폭언을 듣기도 하였다.

이런 힘든 과정에서 당국의 도움을 주선해 주신 류승란 권사님과 자원봉사로 감독을 해 주신 김종철 권사님께서 수고를 아주 많이 해 주셨다.

그런데 그 후. 어느 날. 밭일을 하고 있을 때 였다. 지나가던 부부로부터 뜻밖의 소리를 듣게 되었다. "목사님 죄송해요. 너무 괴로워서 3번씩이나 울었어요. 신부님께 고해를 드렸더니 '빨리 가서 용서를 구하라'고 하셨어요"하는 게 아닌가. 할렐루야!. 천주교인이라던 그는 흥분하여 쏟아 붓던 말이 마음에 걸렸던지 신부를 찾아 고해를 했던 모양이다.

180도 변한 그들 태도에 당황한 것은 우리였다. 하지만 나는 "입장을 바꾸어 보면 이해할 수 가 있을 것 같아요. 잊습니다. 이 시골에서 급한 일이라도 생기면 자식들 보다 먼저 연락해야 할 우리가 아닙니까. 비 온 다음에 땅이 더 굳는다고 했으니 이젠 잘 지내 봅시다"는 말로 오히려 위로를 해 드렸다.

그 후 부인은 집사람에게 "언니 동생 하자"고 청해 오기도 하였다. 지금은 서로 집 앞 눈도 지워주기도 하며, 김장 소금물을 나누어 쓸 정도로 가까이 지내고 있다.


가슴으로 떨어지는 쥐가 징그럽다고 도망가거나, 생전 듣지 못하던 '땅 도둑이니', '생전 들어 본적도 없는 소리'를 듣고 흥분하여 "끝장을 내야겠다"고 했다면 지금쯤 어떤 결과를 가져 왔을지 모른다. 그런데 자존심 정도가 아니라 모욕적 말을 들으면서도 참아야 했던 진짜 이유는 분명한 목표 때문이다.

호스피스는 죽음 대기 프로그램이 아니다.

생의 아름다운 마무리를 돕는 것이고 이를 위해서는 쉼이 필요하고, 쉼에는 시간과 걸맞는 환경과 프로그램이 있어야 한다. 주님께서는 이 로뎀나무를 이런 면에서 귀히 쓰시려고 준비시켜 놓으셨다. 늘 그러셨드시 향후 사회적 여건에 따라 점차 제도권 안으로까지 이끄실 것을 굳게 믿고 있다.

이것을 내다보는 입장에서는 자존심. 모욕감 정도는 그리 큰 문제가 아니였다. 마치 예수님께서도 큰 일을 앞두고 걸어오는 마귀의 딴지를 대수롭지 않게 넘기셨드시.. 처음부터 목표가 분명했던 나는 그보다 더 한 일이라도 참아 넘겨야만 했다.

나는 마을 애경사도 열심히 챙긴다. 농촌 정착 14년이 된 지금은 마을 유지(?)가 되어 가고 있으며 우리끼리는 '다음 이장 선거에 나가도 되겠다"며 웃기도 한다.


세상은 성질없이는 살 수가 없다.

하지만 99번 잘 지내다가도 단 한번 성질 부림으로도 모든 것이 훅! 날라갈 수도 있다. 명심할 일이다. 선교회 20년을 지내는 동안 힘들어 할 때가 없었겠는가. 그때마다 "이런 일을 하면서 이것도 참지 못해서야 되겠는가" 자문해 가며 고비를 넘기 곤 했다. 그 때마다 마음을 다잡아 주시던 주님께 감사를 드린다. 살다보면 승부수를 던져야 할 때가 있다. 이때는 정면돌파해야 한다.

이때는 정말 중요한 것 하나만 잡고 다른 것들은 포기할 줄도 알아야 한다. 사람들은 사사로운 이해관계나 감정. 자존심에 연연하다가 정말 중요한 것 심지어는 본질을 놓치기도 한다.

가끔 긍휼 사역을 준비하는 분들에게 경험담을 들려 준다.

'무슨 일이든지 일이 되려면 반드시 죽어야 한다'고.

"나는 한사람의 영혼을 사랑하는데 필요하다면 모든 것을 포기할 수 있다"는 안호선 불변의 철학이다.

# 6

# 나는 호스피스를 통하여
# 무엇을 배우는가?

사명을 받은 자들은 일만 하는 것은 아니다. 돌뿌리 풀뿌리 하나에도 메시지가 있다는데(마10:29~30)... 나에게도 가슴에 인장처럼 새겨 진 메시지가 있다.

● 첫째, 결국은 다 죽는구나

우리는 지금 영양이 좋고 환경이 좋고 의학이 눈부시게 발달하니 그 이상도 바라보게 되었다. 이젠 100세 연세 드신 분들 소식을 자주 접하게 된다.

하지만 그래도 결국은 다 죽게 된다는 것이 눈으로 확인되는 현장이 호스피스다. 히 9:27에서 "한번 죽는 것은 사람에게 정하신 것이요"하셨다. 어느 누가 '아니요" 할 수 있을까. 나 역시 언젠가는 故 김승주 성도로 불리 울 때가 있을 것이다, 호스피스는 거부할 수 없는 진리가 있다.

● 둘째, 죽음은 내가 생각한 것 보다 훨씬 빠를 수 있겠구나

환우 분 대부분에게서 듣는 말은 "평생 병원이라는 것을 모르고 살았는데..."한다. '마른 하늘에 날벼락'처럼 느낀다는 것이다. 우리 동역자들 가운데서도 함께 열심히 일하던 중. 어느 날 갑자기 그만 손을 놓아야 했던 분들이 있었다.

우리 교회와 한 건물 미술학원의 젊은 학원 원장님을 병동에서 만나는 일도 있었다. 늦게 결혼해서 얻은 딸을 얼마나 예뻐하였는데...

야고보서 4장13절에는 "허튼 것들을 자랑하지 말라. 내일 일을 알지 못하는 안개라"고 하셨다. 시편 90편12절에는 "우리에게 우리의 날 계수함을 가르쳐 달라"고도 하셨다

호스피스 현장은 '장담하며 살아서는 아니되겠구나'는 생각을 하게한다.

어느 의사분이 수술대에 누우면서 "내가 수술대에 누울지 누가 알았겠는가?"하는 말을 했단다. 호스피스는 '죽음은 어느 날 불쑥

다가 올 수 있다'는 메시지를 주고 있다.

### ● 셋째, 연(軟)착륙 해야 겠구나

호스피스는 우주적 종말 뿐 아니라 개인적 종말도 있다는 것을 가르쳐 준다. 어느 날 불쑥 다가올 수 있다는 것을 알았다면 준비하고 살아야 한다. 위해서는

(1) 지금 일에 최선을 다해야..

구원 얻은 자의 삶은 사명자의 삶이다.

따라서 죽음은 사명을 마치는 것을 의미한다.

적어도 '악하고 게으른 종'이라는 평가는 받지 않아야 겠다.

그래도 그만할 때, 건강이 이만할 때, 내가 지금 할 수 있는 일은 해야 한다.

특히 잠 3:27에 "네 손이 선을 베풀 힘이 있거든 마땅히 받은 자에게 베풀기를 아끼지 말며.."를 좌우명으로 삼아...

(2) 가능한 한 갈등을 피해야...

인생은 '산전수전'이라고 한다. 요즘은 공중 전까지 합세하여 세상살이가 곧 싸움터같이 고단하다. 속도전 같이 살아가는 동안에 본의와 다르게 상처를 주고 받는다. 특히 연합사업을 하다보면 부득이하게 갈등해야 할 때가 있다. 그래도 개인적 감정을 가질 일은

아니다. 크게 보면 서로가 잘 해보려는 생각에서 비롯된 것이고 또 어떤 면에서든지 여전히 공유하는 부분이 있기 때문이다.

개인의 갈등에는 대부분이 큰일보다는 소소한 이해관계나 섭섭함에서 시작된 일들이 많다. 때론 나에게도 살짝 미운 사람이 있다. 하지만 내가 오늘 떠난다고 생각하면 무엇인들 주저하겠는가. 기회가 주어지는대로 모두 화해를 하고 싶다. 웬만한 자존심 일랑은 땅에 묻고...


(3) 사랑하는 시간을 더 가져야..

요한복음 13장1절에는 "주님도 당신의 때가 가까이 오는 줄 아시고 사랑하는 자들을 사랑하시되 끝까지 사랑하셨다"고 하셨다. 나에게도 가족을 포함하여 사랑하는 사람들이 있다. 그들을 사랑하는 일에 후회가 남지 않도록 노력하고 싶다.

그동안 너무 일에만 몰두한 점이 없지 않다. 특히 고생 많이 하고 이제는 병약해진 아내에게 미안한 마음이 너무 크다. 아픈 후에는 명예 원장으로 추대하고 나는 시다바리(?)를 자처하고 있다. 그래도 행복하다.


(4) 숙제는 확실히 해 두어야..

기독교는 구도의 종교가 아니다. 계시를 인격적으로 만나면 순식간에 구원의 역사가 이뤄지고, 그 유효성은 영원하다. 그 영원성은 구원이 현재적, 존재론적, 관계적 변화이기에 가능하다. 그래서 복음이다. 구원이 시한부적이고 공로와 시간이 걸려야 이루어지는 것이라면 복음이라 말할 수 없다.


## 그 근거를 어디에서 찾을까

(순간성) 요한복음 5장24~25절에 "내 말을 듣고 또 나를 믿는 자는 영생을 얻었고 심판에 이르지 아니하노니 사망에서 생명으로 옮겼느니라 죽은 자들이 하나님 아들의 음성을 들을 때가 오나니 곧 이때라 듣는 자는 살아남이라"하셨다.

고린도후서 5장17절에는 "그리스도 안에서는 새로운 피조물이라 이전 것은 지나 갔으니 보라 새것이 되었노라" 하셨다.

(관계적) 로마서 5장10절에는 "곧 우리가 원수되었을 때에 그의 아들의 죽으심으로 말미암아 하나님과 화목하게 되었은 즉 화목하게 된 자로써는 더욱 그의 살아나심으로 말미암아 구원을 받을 것이니라"하셨다.

(영원성) 요한복음 10장28절에서 "내가 그들에게 영생을 주노니 영원히 멸망하지 아니할 것이요 또 그들을 내 손에서 빼앗을 자가 없느니라" 하셨다. 요한복음 11장25절에서는 "나는 부활이요 생명이니 나를 믿는 자는 죽어도 살겠고 무릇 살아서 나를 믿는 자는 영원히 죽지 아니하리니 이것을 네가 믿느냐"시며 못 박아 확인하셨다.

결국 구원은 현재적이고, 존재론적이고, 관계적이고, 동시에 영원하다. 그러하기에 현재 경험하는 구원은 미래도 확신할 수 있다.

이따금씩 노년의 성도님들에게 "지금 부르셔도 천국가시는 것을 믿을 수 있지요?"하고 물으면 "그 때 가보아야지.." 혹은 " 뭐 해 놓은 것이 있어야지.."하는 분들을 본다.

지금 확신하지 못하는 자의 구원은 미래도 장담할 수 없다. 무엇인가 공로로 구원은 얻는다면 그것은 이미 복음이 아니다. 주님이 피흘려 열어 놓으신 생명의 길을 '믿음(인격적)으로 수용하는 것'이다.

지금의 나는 마귀에게 휘둘리던 과거의 내가 아니다.

나는 흔들리는 이들에게 십자가 상에서 구원받은 강도의 이야기와 조심스럽지만 나의 간증을 들어가며 아주 많이 강조한다. 그러면서도 틈틈이 내 자신의 구원을 점검해 보기도 한다. 혹 "저가 남은 구하였으되 자기는 구하지 못했다"는 조롱의 대상이 되지 않기 위하여..

세례를 베풀 때 더러는 눈물을 흘리기도 한다.

나는 그들의 눈물을 진정시킨 적이 없다.

눈물의 의미를 알고 있기 때문이다. 안도의 눈물이다. 가본 적도 없는, 어느 누구와도 같이 갈 수도 없는, 가다가 되돌아 설 수도 없는 전혀 예측이 불가능한 칠흙같은 미래에 대한 두려움!

그 어느 누가 이 두려움에서 자유할 수 있겠는가.

어머니가 '세례를 받는다는 소식'에 펄쩍 뛰며 만류하던 딸에게 "딸아! 내 인생은 내가 책임지게 놔 두렴"하시던 교사 출신 환우님을 보았다. 그렇다. 내 운명은 오직 내가 책임을 져야 한다. 절체절명 앞에서의 복음은 생명 자체이다.

나는 1980년 가을. 천하를 주고도 얻을 수 없는 생명을 얻었다.

주님은 더러운 죄의 늪에 깊이 빠져 허우적 거리던 나를 찾아 오셨다.

많은 눈물의 터널을 통과하게 하신 후, 지금까지 그 어디에서도 경험해 보지 못한 평화를 선물하셨고 "죄가 더한 곳에 은혜도 더 하단다"(롬 5:20)는 말씀으로 위로하셨다.

그동안 짓누르던 추한 것들로부터 나는 자유를 얻었고, 없으면 죽을 것만 같이 여겨지던 것들이 시시하게 여겨지기 시작하였다.

이따금씩 가정의 평화를 위하여(?) 교회는 따라 다니면서도 좀처럼 마음을 열지 못하던 나를 향하여 "세상 사람 다 믿어도 당신은 믿지 않을 꺼예요"하며 아내 마져 포기하던 내가 '하나님을 아버지'라고 부르게 되다니! 성령님의 역사가 아니고서는 설명이 어렵다.

그 후 인생살이가 힘들고 고통스러움은 여전하지만, 단언컨대 근본적인 평안(요14:27)과 자유(요 8:32)는 한 순간도 빼앗겨 본 적이 없다. 힘들 때는 "주 따라 가는 길 험하고 멀어도 찬송을 부르며 뒤따라 가리라. 나 주를 모시고 영원히 살리라 날마다 섬기며 주 함께 살리라. 영생을 누리며 주안에 살리라 오늘도 내일도 주함께 살리라"(436장)를 부르며 주님의 뒤를 따르고 있다.

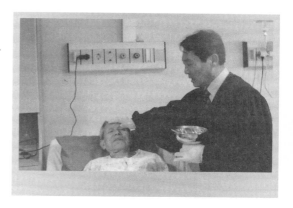

거듭난 이후에도 여전한 죄성으로 차마 열거조차 어려운 실수와 부끄러운 일들이 얼마나 많았던가.

틈틈이 기억을 살려 가며 회개하고 있다. 교계에서 존경받는 Y교회 C목사님은 은퇴 후. 부르심을 받을 때까지 하신 일 중에 '가장 큰일은 회개'였다고 들린다. 그 고백하신 인격에 새삼 옷깃을 여미게 된다.

나에게도 여생의 소박한 꿈이 있다면 (결코 쉬운 일은 아니지만)'어떻게 하면 맑은 영혼을 유지할 수 있겠는가?라고 말하고 싶다. 때가 이르매 구원해 주셨고, 꿈을 주셨고(빌2:13), 구체적으로 걸음을 인도하셔서 오늘에 까지 이르게 하셨던(잠16:9) 주님께서 끝까지 함께 하시며(마28:20), 때를 따라 도우시는 은혜'(히4:16)로 여생의 꿈도 이루어 주실 것에 대한 믿음이 나에게는 있다.(시23:1~6)

# 7

## 착한 가게

한때 모 방송프로에 먹거리 고발 프로가 있었다. 워낙 세상이 불투명하다보니 먹을꺼리 하나 제대로 믿고 먹을 것이 없을 것 같아 서글프기도 하다. 그런데 언제부터인가 이와는 반대로 '착한 식당'에 대한 소개 코너도 생겨났다.

'착한 식당'으로 선정되는 입장에서는 매우 긍지를 가지고 영업을 하게 되었다.

일종의 청량제 역할을 하는 것이 분명했다.

언젠가 강원도 횡성 어느 산골에 메밀묵 음식점이 착한 식당으로 소개되었는데 직접 메밀을 재배하여 반죽을 해 놓고 있다가 손님이 오면 즉석에서 삶아서 제공하는 식당이었다. 매우 신선하게 생각되었다. 태백호스피스로 강의를 가는 길에 잠깐 들렀는데 기분이 좋아서 인지 배나 맛있게 먹었던 기억이 있다.

그런데 더 신선한 느낌을 주는 식당을 보았다.
'착한 식당'으로 선정이 되는 것에 부담을 느낀다는 분이 있었다.
이유를 물으니 "많이 알려지면 그만치 손님이 많이 찾을 것이고, 많이 팔다보면 그만치 순수해지기가 어려울 것 같다"며 끝내 취재를 거부하여 아쉬웠다고 하는 게 아닌가.
"아! 이런 바보같은 순수가 있나?"
매우 신선한 충격이었다.
그렇다. 좋은 일이라도 욕심은 금물이다. 주변에 민폐와 고통과 심지어는 상처가 따르기도 한다. 좋은 일한다면서 상처까지 주는 일은 주님이 원하는 일이 아닐 것이다.

지금은 믿음이 필요한 시대다.
뿌연 안개와 같이 불확실성 속에서 살고 있다. 이따금씩은 우리의 정신을 청명하게 해 주는 신선한 일들이 필요하다.

지금은 철저히 계산기를 앞세워야 살 수 있다.
그러다 보니 사람들이 거의 모든 것을 돈으로만 가치를 환산하려 한다.

일단 돈이 되지 않는 일. 물질적으로 조금이라도 손해 보는 일은 하지 않으려고 한다, 하지만 인간은 돈만으로 만족할 수는 없는 존재다. 의미를 추구하는 존재가 인간이다.

지금 사회 일 부분에서는 조용히 윤리적 소비 운동들이 일어나고 있다.

윤리적 소비 운동이란 어느 정도는 손해를 감수하면서도 의미를 생각하며 의지적으로 선택하는 것을 말한다. 예를 들면 자원봉사나 비영리단체를 후원하는 일 같은 것이다. 멋진 시대정신이다.

윤리적 요구에 대한 정답은 착한 가게다! 착한 가게는 의미의 순수성을 유지하되, 윤리성과 투명성이 담보되어야 한다.

의지적 선택에는 '헬퍼스 하이'(HELPER'S HIGH) 현상이 따른다.

'헬퍼스 하이'란 직접 관계가 없는 어려운 사람들을 도우면서 얻게 되는 최고조의 기분을 말한다.

또한 '마더 테레사 효과'도 따른다.

'마더 테레사 효과'란 남을 도우면서 생기는 정신적, 신체적, 사회적 변화. 즉 마더 테레사 처럼 순수하게 남을 돕는 것을 보기만 해도 인체의 면역 기능이 크게 향상되는 데 이를 테레사 효과라고 한다. 테레사 효과는 실제 의학적으로도 입증이 되었다고 한다. 혈압과 콜레스톨 수치가 현저히 낮아지고 엔돌핀 수치가 정상치의 3배나 분비되어 몸과 마음에 활력을 넘치게 한다.

사도행전 20장35절에서 "주는 것이 받는 것 보다 복이 있다"고 하신 말씀이 생각나기도 한다.


이 시대는 '시간을 금보다 더 귀하게 여기는 시대'다.

금쪽같은 시간을 쪼개어 자원봉사를 나와 주신다. 눈이 오나 비가 오나 변함이 없다. 악천후에도 올라 오신다. 그런 날이면 나는 뻔한 레퍼토리를 쓴다.

"이런 날이면 오지 않는 것이 정상 아니예요?"

너무 고맙다는 뜻이다. 사람보고는 봉사 다니지 못한다. 오직 주님만 보는 분들이시다. 존경스럽다.


세상에 돈 아깝지 않는 사람이 있는가.

경기가 이렇게 어렵다는데도 장바구니를 줄여서 후원을 하고, 사업에 어려움이 있다고 들리는데도 "그건 그거고 이건 이거고.."하시며 동참들을 해 주신다.

우리 안호선에는 나와는 일면식(一面識)도 없는 많은 분들도 후원에 동참하고 있다. 나는 이 분들에게 '헬퍼스 하이'나 '테레사 효과'를 충분히 경험하시도록 최선을 다하여야 할 책임이 있다고 생각한다.

우리는 일년에 2회씩 공인회계사 등 회계 전문인 감사를 시행하여 결과를 소식지에 보고한다. 또한 기재부로부터는 지정기부금 단체로써 지정을 받아 감사 결과를 인터넷에 공개적으로 게시한다.

이는 불신이 깊은 시대에서 안호선이 초심을 잃지 않는 '착한 가게'이기를 바라는 모든 회원들의 기대를 잘 알고 있기 때문이다.

투명경영은 시대정신이다.

'착한가게'는 안호선의 핵심 가치다.

# 8

—

# 중간결산

1998년 6월 22일 출범한 안호선은 2017년 11월 15일 현재 나만큼 소중한 약 2,500 분의 가시는 길에 동행하였다. 또한 3개월간의 훈련기간을 통해 날개만 없는 천사 약 2,400분의 전문자원봉사자를 배출하였다. 앞만 바라보고 달려 왔으나 잠시 멈추고 달려 온 길을 돌아보니 너무 감격스럽다.

하지만 이 모든 일의 주역은 어디까지나 하나님 아버지 자신이시다.

우리는 수종만 들었을 뿐이다. 출발 선상에 섰을 때 주님은 빌립보서 1장6절을 통하여 "너희 안에서 착한 일을 시작하신 이가 그리스도 예수의 날까지 이루실 줄을 우리는 확신 하노라"는 말씀으로 확신을 갖게 하셨다.

그동안 나는 한순간도 호스피스 생각을 머리에서 떠나 보내 본 적이 없다.

또 발품도 부지런히 팔았다.

하지만 빌립보서 2장23절에서 "너희 안에서 행하시는 이는 하나님 이시니 자기의 기쁘신 뜻을 위하여 너희에게 소원을 두고 행하게 하시 나니.." 하심으로 창조적 생각들이 모두 주님께서 주신 것을 분명히 하셨고, 잠언 16장9절에서는 "사람이 마음으로 자기의 길을 정할찌라 고 걸음을 인도하시는 분은 하나님이시니라"하심으로 발품을 부지런 히 팔았지만 나의 일거수일투족이 모두 하나님의 인도였음을 분명 히 하셨다.

이제 20년을 깃점으로 중간 결산을 해 보며 빌립보서 1장6절을 다시한번 되새김질 해본다. 안호선의 방향이 앞으로 어떻게 발전할 것인지는 오직 아버지만이 알고 계실 것이다. 우리는 지금까지 그 래 왔드시 인도하시는 대로 수종만 들 뿐이다. 모든 영광을 우리 아버지 하나님께 올려 드린다. 할렐루야!

제2부

# 길을 묻는
# 그대에게

# 1

—

# 아! 피가 보이지 않는다

"눈물을 흘리며 씨를 뿌리는 자는 기쁨으로 거두리로다 울며 씨를 뿌리러 나가는 자는 반드시 기쁨으로 그 곡식 단을 가지고 돌아오리로다"
(시 126:5~6)

누군가 "우리가 천국에 들어가면 3개의 그릇에 3가지 액체가 담겨 있음을 보게 될 것이다"고 하였습니다.

그 그릇 안에는 무엇이 들어 있을까요?

## 땀

잠언 6장6절에는 "게으른 자는 개미에게 배우라"고 하셨습니다.

게으른 자는 사람만 질색하는 것이 아니라, 하나님도 질색이십니다.

게으른자는 자신 뿐 아니라 반드시 이웃에게 피해를 주게끔 되어 있습니다. 열심히, 정직하게 살아가면서 흘린 땀은 우리 인생의 흔적입니다. 이 흔적은 자식들만 보는 것이 아니라, 하나님께서도 기억하고 계신다는 뜻입니다

## 눈물

스펄전은 "마른 눈으로써는 하나님나라를 볼 수 없다"고 하였습니다.

우리는 살아 가면서 많은 눈물을 흘립니다. 억울해서도 흘리고, 서러워서도 흘리고, 어떤 때는 기뻐서도 흘립니다.

그런가 하면 죄가 생각 날 때도 흘려야 합니다.

그렇게도 오랜 기간 신앙생활 했는데도 삶의 태도가 변하지 않는 것은 눈물을 흘리지 않기 때문입니다.

시편 6편6절에는 "내가 탄식함으로 피곤하여 밤마다 눈물로 내 침상을 띄우며 내 요를 적시나이다"고 호소하고 있고,

시편 51편1~3절에는 "하나님이여 주의 인자를 따라 내게 은혜를 베

푸시며 주의 많은 긍휼을 따라 내 죄악을 지워 주소서 나의 죄악을 말갛게 씻으시며 나의 죄를 깨끗이 제하소서 무릇 나는 내 죄과를 아오니 내죄가 항상 내 앞에 있나이다"고 고백하고 있습니다.

다윗이 훌륭한 것은 의롭게 살아서가 아니라 죄를 솔직히 인정하고 용서를 받았다는 것에 있습니다.

"CCTV도 없고, 녹음기. 몰카도 없는 시대니까.."하고 뱃장 부리다가는 '화인 맞은 양심이 되어 끝내는 버림을 받고 말았을 것입니다.

## 피

순교의 상징입니다. 직접 순교하는 경우도 있었을 것이지만, 순교자적 마음으로 살아 간 것은 기억하겠다는 것입니다.

순교자적 삶이란, 사명의 길이고 ,십자가의 길이고, 좁은 길일 것입니다주님의 일을 하면서 당하는 억울한 일. 손해. 상처...같은 것을 주님은 기억하신다는 뜻입니다.

순교자적 삶을 살아 가면서 너무 억울해 하지 마시기를 바랍니다.

김석균 목사님의 "주님이 기억하시면 족하리~"를 떠올려 가며 묵묵히 걸을 수 있어야 할 것입니다.

어느 분이 그랬다고 합니다.

이 다음에 우리가 천국엘 가면 "너는 나 때문에 손해 본 것이 많으냐? 아니면 덕 본 것이 많으냐?"고 물으실꺼라고 하는 소리를 들었습니다. 저는 솔직히 주님의 일을 한다고는 하지만 덕 본 것이 너무 많습니다. 이루 헤아리기 어려울만치 많습니다.

가난하게는 살았지만, 할 거 다하고 살았고, 도둑질 하지 않을 만큼은 누리고 살았습니다. 3일 굶고 도둑질 하지 않을 사람은 없습니다. 그리고 너무나 과분하게 평가를 받고 살고 있습니다.

솔직히 양심적으로 말해서 제 주변에서 피는 별로 보이지를 않는 것 같습니다. 평가의 자리에서는 부끄러운 일이 되었습니다.


사랑하는 성도들이여!

'3가지 액체'이야기에는 '만든 말'이라고 쉽게 치부해 버릴 수 없는 메시지가 있습니다. 생애 결산과 관계가 깊을 것이기 때문입니다.


우리의 땀 그릇에는 얼마나 많은 땀이 담겨 있습니까?

우리의 눈물 그릇에는 얼마나 많은 눈물이 담겨 있습니까?

우리의 피 그릇에는 얼마나 많은 피가 담겨 있습니까?

가을입니다. 우리의 일상이 늘 바쁘기만 하지만 한번쯤 진지하게 생각해 보는 사색의 계절이 되시기를 바랍니다.

# 2

## 사랑의 진짜 이름

"예수께서 대답하여 이르시되 어떤 사람이 예루살렘에서 여리고로 내려가다가 강도를 만나매 강도들이 그 옷을 벗기고 때려 거의 죽은 것을 버리고 갔더라 마침 한 제사장이 그 길로 내려가다가 그를 보고 피하여 지나가고 또 이와 같이 한 레위인도 그 곳에 이르러 그를 보고 피하여 지나가되 어떤 사마리아 사람은 여행하는 중 거기 이르러 그를 보고 불쌍히 여겨 가까이 가서 기름과 포도주를 그 상처에 붓고 싸매고 자기 짐승에 태워 주막으로 데리고 가서 돌보아 주니라 그 이튿날 그가 주막 주인에게 데나리온 둘을 내어 주며 이르되 이 사람을 돌보아 주라 비용이 더 들면 내가 돌아올 때에 갚으리라 하였으니 네 생각에는 이 세 사람 중에 누가 강도 만난 자의 이웃이 되겠느냐 이르되 자비를 베

푼 자니이다 예수께서 이르시되 가서 너도 이와 같이 하라 하시니라"(눅 10:30~37)

우리는 평소에 믿음에 대하여, 소망에 대하여, 또 사랑에 대하여도 이야기합니다. 그런 가운데서도 제일은 사랑이라고 하셨습니다.

그런데 어디까지나 사랑은 관념입니다. 따라서 그 진위를 가름하기란 쉬운 일이 아닙니다. 그런 의미에서 사랑의 진짜 이름은?

'희생'입니다.

우린 계산에 많이 익숙해져 있습니다.

각 가정의 사랑하는 어린이들도 조금 있으면 여기에 길들여지기 시작할 꺼예요.

(어쩔 수 없이 계산적인 세상에 부딪기면서 살아가려다 보니...)

다만 '욕심이 잉태한 즉 사망을 낳는다'는 것을 잘 가르쳐서 욕심 부리지 않고 살아가도록 본을 보이며 살게 하는 것이 중요하다고 생각합니다. 늘 자족하고, 감사하며 사는 삶이 매력적으로 보이게끔 하는 것이 부모로써 중요하다고 생각합니다.

진짜 사랑은 많은 희생을 요구하는 것입니다.

내가 사랑하는 것만큼 희생할 것입니다.

사마리안인은 바람 쇠이러 나온 곳이 아니었습니다.

바쁜 일이 있어서 지나가고 있었고 특히 자신도 위험하기는 마찬가지였습니다.

하지만 더 큰일이 벌어진 현장을 피해 갈 수는 없었습니다.

시간들여, 물질들여 노력을 아끼지 아니한 희생이 강도 만난 자를 살릴 수 있었습니다. 이른바 진짜 사랑을 실천한 것입니다.

제사장도, 레위인도 그냥 지나 칠 명분은 있었을 것입니다.

그런데 '희생할 마음까지는 없었다'고 함이 좀 더 솔직한 이유일 것입니다. 평소에 외친 그들의 사랑은 의미가 없었습니다.

사랑한다고 하면서도 손해 볼 생각은 안는 남녀. 신앙은 가졌다면서 헌신할 마음은 없는 신앙인 희생할 마음이 없는 사랑은 사랑이 아닙니다.


'불변'입니다.

진짜와 가짜를 구분하는 데는 몇가지 기준이 있습니다.

그 중에서도 희소성과 내구성입니다.

즉 '어느 것이 오래가느냐?'로 분별할 수 있습니다.

사랑이 아무리 뜨거워도 조령모개라면 믿음이 가질 않겠지요.


바쁜 길 가던 길이었지만, 생명이 왔다 갔다 하는 판국이니 모든 것을 던지고서라도 그 생명부터 살려 냈습니다.

응급조치를 마치고 어느 정도 급한 불은 껐습니다. 그렇다고 완

전해 진 것은 아닙니다. 이젠 가던 길을 가야만 했지만 생명 사랑에 대한 의지가 바뀐 것은 아니었습니다.

누가복음 10:35절에 "그 이튿날 그가 주막 주인에게 데나리온 둘을 내어 주며 이르되 이 사람을 돌보아 주라 비용이 더 들면 내가 돌아 올 때에 갚으리라"하였습니다. '끝까지 사랑하겠다'는 의지였습니다.

주님도 요한복음 13장1절에서 "유월절 전에 예수께서 세상을 떠나 아버지께로 돌아가실 때가 이른 줄 아시고 세상에 있는 자기 사람들을 사랑하시되 끝까지 사랑하시니라"하셨습니다. 주님의 제자 사랑이 진짜 인 것은 '끝까지'였습니다.

신앙인으로써 가장 욕심을 내야 할 말은 "당신을 신뢰합니다"라는 말입니다. '성실하다'. '변하지 않는다'는 의미입니다.

이번 100주년교회에서 우리에게 보내준 후원금 30만원 증액 통보서에는 "선교회의 성실하심과 말기 암 환우들을 향한 따뜻한 마음이 전해졌고 무엇보다도 주께서 허락하신 길을 묵묵히 걷고 계시는 모습을 통해.."라는 격려의 말이 들어 있었습니다.

한마디로 "안호선을 신뢰한다"하는 말입니다.

안호선은 이 신뢰를 생명처럼 여겨야 합니다. 이것을 유지를 위하여 어떤 댓가도 치룰 줄 알아야 합니다. 그것이 우리가 사는 길입니다.

사랑하는 성도들이여!

사랑은 감정에서 시작하지만 의지로 이어가야 합니다.

성경의 "사랑하라"는 권고사항이 아니라 명령입니다.

이빨이 튼튼해야 할 수 있는 것이 사랑입니다.

사랑하기에 결혼을 하지만 달콤하기만 한 것은 결코 아닙니다.

예상치도 못한 시련과 고통이 따르는 것입니다. 이것까지를 함께 의지하고 극복할 각오가 섰을 때 결혼해야 합니다.


흔히 호스피스를 '자원봉사의 꽃'이라고 합니다.

생명을 돌보는 것이기도 하고, 그것도 '끝까지 함께하는 봉사'이기 때문입니다. '끝까지'에는 많은 인내가 필요합니다.

섬기다보면 짜증나는 때도 있고, 억울한 생각이 들 때도 있고, 벅차서 주저앉고 싶을 때도 있을 것입니다.

잘 참고 인내하면서 맡겨진 생명들에게 사랑다운 사랑. 진짜 사랑을 실천해 나가십시다. 지켜 보시는 아버지를 기쁘게 해 드리는 우리 모두가 되시기를 바랍니다.

# 3
—

# 아주 잘 된 투자(投資)

"믿음이 없이는 하나님을 기쁘시게 하지 못하나니 하나님께 나아가는 자는 반드시 그가 계신 것과 또한 그가 자기를 찾는 자들에게 상 주시는 이심을 믿어야 할지니라"(히 11:6)

"보라 내가 속히 오리니 내가 줄 상이 내게 있어 각 사람에게 그가 행한 대로 갚아 주리라"(계 22:12)

사람은 살아가면서 반드시 족적(足跡)을 남기게 됩니다.

한해를 돌아 볼 때, 아쉬운 일도 있었고, 보람있는 일도 있었을 것입니다. 호스피스들에게는 어떤 보람이 있을까요.

●**첫째**, 선한 사마리안 으로써의 긍지

우리가 거듭나게 되면, 전에 없던 거룩한 욕심이 생깁니다.

즉 "나도 선한사마리아인처럼 살고 싶다"(눅 10장)는 것입니다.

그도 그럴 것이 고아로 지내던 세월은 '자신의 삶은 철저히 자신이 책임을 져야만 했기에 '창고를 더 짓고서라도' 쌓아야만 했습니다. 그래서 늘 고단했습니다.

하지만 거듭남과 동시에 "아 ~ 그렇게 사는 것이 아니였구나"는 큰 각성과 함께 "이제부터라도 사마리아인처럼..."는 생각을 하게 됩니다.


그런데 사마리안의 현실적 모델이 곧 호스피스입니다.

양자(兩者)간의 공통점이 있다고 봅니다.


(1) 생애 최대의 위기

(2) 총체적(전인적)돌봄

(3) 끝까지 함께 함.


환우들에게는 어쩌면 우리가 세상에서 만나는 마지막 사람일 수도 있습니다..

혹, 기독교에 대하여 비판적 시각을 가진 자 앞에서라도 절대로 기(氣)가 꺾여서는 안 됩니다. 이레뵈도 우리는 '선한 사마리아인'이기 때문입니다.

**둘째**, 투자 귀재로써의 긍지

히브리서 11장6절에는 "생명력을 가진 믿음의 시체를 설명하고 있습니다. 반드시 그가 계신 것과 상 주시는 이심을 믿어야 한다"는 것입니다.

또 이렇게 두꺼운 성경 66권의 마지막 권(卷)은 요한계시록이고,

그 책 마지막 장(章)엔 "내가 줄 상이 내게 있어 각 사람에게 그의 일한대로 갚아 주리라"(22:12)고 굳게 약속을 하셨습니다.

겉은 그럴 듯해 보여도 "끝내 자기를 벗어나지 못하는 사람이라면" 그는 그 때를 의식치 않는 사람입니다.

그런 의미에서 우리에게 지난 한해는 너무도 보람있는 시간이었습니다. 왜요? 받은 상을 내용있게 준비한 기간이었기 때문입니다.

호스피스가 여타(餘他) 봉사와 차별될 수밖에 없는 이유는

1. 우리와 똑같은, 그래서 너무나도 소중한 생명..

2. 그것도 최대 위기에 몰린 생명..

3. 그것도 어떤 기대하지 않고 섬기는 일이기 때문입니다.

오늘이라도 부르시면 끝나는 사역, 어떤 현실적 보상도 없습니다.

세상 가치를 놓고 보면 재미가 없을 것입니다.

하지만 다 몰라 줘도 주님은 "기억 하겠다"하셨습니다. 그래서 사

실은 더 유리합니다. 그 날에 수지 맞을 사람은 주님 때문에 덕(德) 본 사람이 아니라, '구구단도 못 배운 사람처럼' 손해보고 살던 사람입니다.

　제대로 된 신앙인치고 보상을 바라고 일을 하는 사람은 없습니다.

　잃었던 생명을 되찾은 감격이 너무나 엄청나서 자발적으로 뜻을 따를 뿐입니다. 심지어는 아예 "주님 곁에서 주님 일만 하다가 죽겠다"며 성직자가 되기도 합니다.

　하지만 그렇다고 이를 모른 체 하실 하나님도 아닙니다.

　그 마음 씀씀이가 얼마나 예쁜지 "반드시 갚겠다"고 거듭, 강조하셨습니다. 가령. '자녀가 용돈을 모아 부모 생일로 양말을 준비하였다'고 합시다. 받기만 하고 가만히 있을 부모가 어디 있겠습니까?

　"아이고 내 새끼..어느 새 이렇게 컷구나"하며 얼굴에 뽀뽀도 해주며 양말 값의 몇배나 되는 보상을 할 것입니다.

　성경은 온통 보상으로 차 있습니다(잠11:25, 14:21, 19:17, 25:27 히11:6, 계22:12...) 세상이 알아주지 않는다고 서러워 할 것 없습니다.

　저는 김석균 목사님의 찬양을 좋아합니다.

　그 중에서도 "주님이 기억하시면 족하리~"를 특히 좋아 합니다.

　가끔씩은 불쑥 '혼자인가?"하는 생각이 들 때가 있습니다. 이때는 "주님이 기억하시면 족하리~"를 부르며 지친 무릎을 다시 일으켜 세우곤 합니다.

후회없는 사람은 없습니다. 그래도 후회를 덜 남기려면 삶의 기조(基調)가 '배푸는 삶'으로 바꿔야 합니다. 그래야 남는 것이 있고 남는 것이 있어야 후회를 덜하게 되는 것입니다.

발을 씻어 드리던 중. 눈물을 흘리는 분을 보았습니다.

당황하여 이유를 물었습니다. 의외였습니다. "평생 교회를 다녔다지만, '이렇게 더럽고 냄새나는 남의 발을 씻어 준다는 것'은 상상 자체도 하지 못했으며, 지금 여러분들이 너무 부럽다"하며 회한(悔恨)의 눈물을 흘리고 있었습니다.

안호선의 특징이라면 '개미군단'입니다.

수 많은 개미들이 모여서 하늘의 뜻을 이 땅에 이루어 가고 있습니다.

어느 날. 라디오에서는 따뜻한 멘트가 나오고 있었습니다.

"누구나 다 지휘자가 될 수는 없다. 모두가 수석 연주자가 될 수도 없다. 훌륭한 오케스트라 단원이 된 것만으로도 감사한다.

그런데 모두가 단원이 될 수도 없다. 관객이 된 것만도 기쁘다.

공연의 성패는 박수(拍手)에서 갈리기 때문이다. 박수치는 자리에서도 나는 얼마나 행복한 지 모른다"

방송을 들으며 '안호선'을 생각했습니다. '개미군단'은 안호선의 또 다른 이름이기 때문입니다.


"애 너는 살았을 때에 네 좋은 것을 받았고……".

내세 불구덩이에서 절규하는 '어떤 부자'에게 너무 매몰차게 하신 말씀입니다(눅16장). 성경의 핵심(목표)은 천국입니다.

그런데 천국을 사실적으로 소개한 것은 이 장면이 유일합니다.


 사랑하는 동역자 여러분

주님은 친히 "내가 줄 상이 내게 있어 각 사람에게 그의 일한대로 갚아 주리라"(22:12)고 약속하셨습니다.

아무리 생각을 해 봐도 지난 해 우리의 섬김은 아주 잘된 투자였습니다. 투자의 귀재는 워렌 버핏((Warren Buffett)만이 아닙니다.

# 4
—

# 정의보다는 자비를

"내가 네 행위와 수고와 네 인내를 알고 또 악한 자들을 용납하지 아니한 것과 자칭 사도라 하되 아닌 자들을 시험하여 그의 거짓된 것을 네가 드러낸 것과 또 네가 참고 내 이름을 위하여 견디고 게으르지 아니한 것을 아노라 그러나 너를 책망할 것이 있나니 너의 처음 사랑을 버렸느니라 그러므로 어디서 떨어졌는지를 생각하고 회개하여 처음 행위를 가지라 만일 그리하지 아니하고 회개하지 아니하면 내가 네게 가서 네 촛대를 그 자리에서 옮기리라"(계 2:2~5)

목회자들에게 가장 어려운 일이 설교입니다. 많은 공부와 많은 경험과 지식을 동원합니다.

하지만 정작 설교의 롤 모델이라고 할 예수님의 설교는 너무 쉬웠습니다. 아주 쉽게 비유를 들어 설교하곤 하셨습니다.


마태복음 20장1~6절에는 소위 포도원의 비유가 나옵니다.

포도원의 비유는 하나님 나라의 성격을 설명해 주고 있습니다.

포도원 주인은 이른 아침 장터로 나가서 일을 기다리는 사람들에게 일당 일 데나리온씩을 약정하고 불러 들였습니다.

오전 9시에도 그랬습니다.

오후 3시에도 그랬습니다.

해가 기울기 시작한 오후 5시에도 나가서 그때까지도 서성이고 있는 일꾼들을 불러 드렸습니다.

얼핏 생각하기엔 포도원에 일이 많아서 그러는 것 같아 보입니다.

포도는 그냥 열리는 것이 아닙니다. 비료 주어야지..가지를 쳐 주어야지...봉투도 만들어 주어야.. 일이 많습니다.


그러나 잘 생각해 보니 일이 많아서가 아니었습니다.

서성이는 사람들이 불쌍해서 도와 주고 싶어서 였습니다.

5시에 나가서 불러 들인 일꾼들에게도 똑같이 일당을 나누어 주는 것을 보면서, 자기를 위해서가 아니라 일꾼들을 생각해서 그러는 것을 알았습니다.

포도원 주인의 마음은 하나님 마음이고 곧 하나님 사람들의 마음이어야 합니다.

장터에서 저녁까지 일을 찾지 못해서 서성이는 사람들이 마음에 걸리는 포도원 주인의 마음.

이것이 하나님 사람들의 마음이어야 할 것입니다.


호스피스에서 과거를 너무 의식하지 말라고 강조합니다.

바람을 피웠던지..전과가 있었던지..가정에 무책임 했던지..떠나는 마당에 그것이 중요한 것이 아닙니다. 더 중요한 것은 지금 이 시간에 최악의 상황을 맞고 있는 생명입니다.

정의도 중요합니다 하지만 사랑은 더 중요한 것입니다.


스티브 잡스의 이야기는 많은 것을 생각하게 해 줍니다.

스티브 잡스는 미혼모에게서 태여나서 좋은 양부모를 만나서 성장하였습니다. 양부모는 그를 데리고 교회를 다녔습니다.

그가 13살 되었을 때, 목사님을 찾아 갔습니다.

"목사님! 제가 손가락 하나를 들어 올린다면 하나님은 제가 어느 손가락을 올릴 것을 알고 계시나요?"

"그럼. 하나님은 모든 것을 알고 계신단다"

스티브 잡스는 1968년 당시. 라이프 메가진 7월호 표지에 실린 나이지리아 동부 비아프라 내전시 굶주린 아이들의 비참하는 사진을 보여 주며 "그럼 하나님은 이것에 대해서도 아시고 이 아이들에게 무슨 일이 일어 날지도 아시겠네요?"라고 목사님께 물었다.

"스티브 나는 네가 이해가 잘 안될 것를 알고 있단다. 하지만 물론 하나님은 그것도 알고 계신단다"고 대답을 해 주었습니다.

스티브는 그후 교회를 떠났고, 선불교에 심취하게 되었다고 합니다. 그 목사님이 교리적으로는 예정론을 분명하게, 바르게 가르쳤는지 모르지만, 하나님 사랑은 전해 주지 못했습니다.

그 목사님에게는 약자를 긍휼히 여기는 따뜻한 마음이 없었습니다.

제가 목회할 때, 어려운 사람들을 외면하지 말라고 한 것이 그런 마음입니다. 긍휼히 여기는 마음이 정의보다 더 큰 것입니다.

손양원 목사님은 순교자이시면서도 사랑의 원자탄으로 불리우는 분입니다. 아들을 죽인 공산당원을 아들로 삼고 목사를 만들기 까지 하신..상상이 안되는 일을 하셨습니다. 그게 하나님 마음입니다.

사랑하는 성도들이여!

우리에게는 정의나, 개인 감정이나 보다도 더 중요한 것은 약자를 긍휼히 여기는 마음입니다.

주님은 마태복음 7장21절에서 "나 더러 주여 주여 하는 자 마다 천국에 들어 갈 것이 아니요 다만 하늘에 계신 내 아버지의 뜻대로 행하는 자라야 들어 가리라. 그날에 많은 사람이 나더러 이르되 주여 주여 우리가 주의 이름으로 선지자 노릇도 하며 주의 이름으로 귀신을 쫓아내며 주의 이름으로 많은 권능을 행하지 아니하였나이까 하리니 그때에 내가 그들에게 밝히 말하되 내가 너희를 도무지 알지 못하니 불법을 행하는 자들아 내게서 떠나가라 하리라"고 하셨습니다.

불법이 무엇입니까? 사랑으로 하지 아니한 모든 것은 하나님 앞 세서는 모두가 불법입니다.

계시록 2장2~5절에서 "내가 네 행위와 수고와 네 인내를 알고 또 악한 자를 용납하지 아니한 것과 자칭 사도라 하되 아닌 자들을 시험하여 그의 거짓된 것을 네가 드러낸 것과또 네가 참고 내 이름을 위하여 위하여 견디고 게으르지 아니한 것을 아노라 그러나 너를 책망할 것이 있나니 너의 처음 사랑을 버렸느니라 그러므로 어디서 떨어 졌는가를 생각하고 회개하여 처음 행위를 가지라 만일 그리하지 아니하고 회개하지 아니하면 내가 네게 가서 네 촛대를 그 자리에서 옮기리라"경고 하셨습니다.

그러니까 하나님 사람들에게 있어서 그 어느 것 보다 중요한 것은 사랑하는 마음. 따뜻한 마음입니다.

# 5
—
# 치명적 강적들

"너희 염려를 다 주께 맡기라 이는 그가 너희를 돌보심이라 근신하라 깨어라 너희 대적 마귀가 우는 사자 같이 두루 다니며 삼킬 자를 찾나니 너희는 믿음을 굳건하게 하여 그를 대적하라 이는 세상에 있는 너희 형제들도 동일한 고난을 당하는 줄을 앎이라"(벧전 5:7~9)

하나님 앞에서 신실하게 살아가기를 소원하는 우리에게도 두려워해야 할 것이 있습니다. 맑은 영혼을 탁하게 만드는 아주 강적들이기 때문입니다.

## 1. 돈

돈은 '없어도 안되고 많아도 안되는' 강적입니다.

없으면, 당장 먹고 살아야 하니 보통 문제가 아닙니다.

가끔 현실을 초월해서 사는 분들을 보면 위대해 보이기 까지 합니다. 하지만 자기만 생각하면 모를까 관계 속에서 인간답게 살아가기 위해서는 돈은 있어야 합니다. 하지만 여기에 문제가 있습니다.

너무 돈에 집착하면 영혼이 탁해 집니다.

늘 주님을 의식하며 살아야 하는 우리에게는 돈에 집착하게 되면서 기도도 진지해 질 수 없습니다. 별로 부족한 것이 없기 때문입니다.

돈에 집착하는 동안 하나님과 멀어 지는 것은 너무도 필연적인 일입니다.


뉴스에서 보았겠지만 C 제약의 회장이 전임 운전기사에게 막말을 하는 것이 녹음되어 그대로 노출 되었고, 공개적으로 사과하는 웃지 못할 모습을 보았습니다. 갑질의 대표적인 사례라고 볼 수 있습니다. 생각했습니다.

'저 사람은 돈이 망친 사람이다.'

잠언 30장의 아굴의 기도가 생각납니다.

"너무 많아서 하나님을 모른다 하지 않게 하시고 너무 가난하여 도둑질 하여 하나님을 욕되게 하지 말게 하옵소서"

신앙생활 한다는 사람은 진심으로 이런 마음으로 살아야 합니다.

## 2. 정욕

우리가 거듭났다고 해도 우리 속에 죄성은 여전히 남아 있습니다. 잠재되어 있던 본능은 강력한 유혹이나 자극이 주어지면 언제든지 튀어 나올 수 있다는 것을 알아야 합니다.

그 중 하나가 정욕입니다.

이 정욕은 지도자라고 해서 예외는 아닙니다.

정신을 놓고 있다가는 누구나 넘어 갈 수 밖에 없습니다.

많은 이들이 실망을 주고 있지만 정죄만 할 일이 아닙니다. 우리 자신에 대한 단속이 더 시급한 것입니다.


이를 극복하는 비결은 그 환경에서 즉시 벗어나는 결단이 필요합니다.

요셉은 상관 부인의 유혹은 받았습니다.

그는 뒤에 어떻게 전개될 것인가를 생각할 겨를도 없이 그 자리를 뿌리치고 벗어 났습니다. 결과 그는 감옥엘 가게 되었지만 그에게 감옥은 그리 큰 문제가 아니였습니다. 그에게 관심은 하나님이었습니다.

흔히 기도는 무슨 필요가 있을 때 하는 것으로 생각하기 쉽습니다. 물론 비중이 높은 이유입니다.

어려움에 처 했거나 어려움이 다가 옴을 의식하면서 기도 해야합니다. 뿐만아니라 마음을 잡기 위해서도 기도해합니다.

누구를 많이 미워하게 되었을 때, 유혹이 다가 올 때 우리는 기도해야 합니다. 그런 류는 기도가 아니고는 해결할 수 없습니다.


3. 게으름

모든 것이 풍요로워진 현대는 마귀의 전략이 바뀌었다고 합니다.

전에는 "하라" 하면 "하지마!" "하지마!" 하면 "하라!"고 어긋 장을 놓았습니다.

"선악과를 먹으면 않돼! 먹지마!", "무슨 소리야. 먹으면 하나님과 같아 진다고!"하면서 하나님 말씀에 정면으로 도전을 합니다.


그런데 요즘은 전략이 바뀌었다고 합니다.

"해야 돼 그런데 내일 해!"

마귀의 이런 요구에 길들여 지면 10년 20년 신앙생활해도 그 주변에 아무런 믿음의 역사가 일어나지 않는 것입니다.

신앙생활이란 어떻게 보면 모험이기도 합니다.

'하고 싶지 않아도' 말씀하시니 해야 하고,

'하고 싶어도' 말씀하시니 하게 되는...

누구나 체험을 기대하지만 '믿음의 역사'나 '기적'은 모험에서 나온다는 것을 알아야 합니다.

카프카는 "모든 죄의 원인은 조바심과 게으름이다"고 하였습니다. 가만히 생가해 보면 일리가 있습니다.

게으름은 구원받은 우리! 사명을 가지고 사는 우리에게는 치명적인 죄입입니다. 안주하고 싶을 때, 두려움을 느낄 수 있어야 합니다.


사랑하는 성도들이여!

돈! 정욕! 게으름!은 신앙인에게는 가장 두려운 강적들입니다.

늘 자신의 영혼을 맑게 유지하기 위하여 영적 긴장의 끈을 놓지 않는 저와 여러분들이 다 되시기를 바랍니다.

# 6

—

# 호스피스들의 감사

"범사에 감사하라 이것이 그리스도 예수 안에서 너희를 향하신 하나님의 뜻이니라"(살전 5:18)

보이스 피싱을 접할 때마다 "같은 인생을 왜 저렇게 사는가?하는 생각을 할 때가 있습니다. 그런데 그것은 우리의 생각일 뿐이지 그들은 하루 종일 사기 칠 생각만 하게 되니 좀처럼 거기서 빠져 나올 수가 없는 것입니다.

신앙인들은 하루 종일 무슨 생각을 하고 살아야 할 까요? 감사입니다. 냉소적이던 사람이 감사와 긍정적인 삶으로 바뀌는 것이 신앙입니다.

그렇다면 호스피스들은 무엇이 감사한가요?


1. 살아 있는 것.

야고보서 4장14절에서 "내일 일을 너희가 알지 못하는도다 너희 생명이 무엇이냐 너희는 잠깐 보이다가 없어지는 안개니라"하셨습니다.

우리들의 오늘은 어제 떠나신 이들이 그렇게도 살고 싶어하던 하루입니다.

뭐니 뭐니 해도 살아 있는 것에 감사하시기 바랍니다.


2. 하나님 사람으로 살게 된 것.

그래서 '직책이 사람을 만든다"고도 합니다. 신앙을 가진다는 것이 부담스러울 수도 있습니다. 하지만 그것 때문에 참게도 되고, 때로는 용기도 내고..좀 더 진실하게 살고도 싶은 것입니다. 그러다 보니 어느새 사람의 격이 달라 지는 것입니다.


3. 호스피스로 살게 된 것

우리는 메트로병원 평균 재원일수 20일 남은 분들을 섬기는 호스피스입니다. 우리는 그냥 봉사만 하는 것인가요? 봉사하면서 얻게 되는 메시지는 없나요? 죽음에는 메시지가 많습니다.


피아노를 배우려면 피아노 학원엘 가야 합니다. 태권도를 배우려

면 태권도 도장에 가야 합니다. 인생이 '잠깐 보이나 없어지는 안개'
라는 것은 다른데서는 확인하기 조차 어렵습니다.

호스피스는 한다고 하면서 핵심 메시지를 잃고 있다면 앙꼬 빠
진 찐빵을 씹고 있는 것이나 마찬가지입니다.

호스피스들은 무엇을 감사해야 할까요?

돈? 사회적 지위? 남이 알아 줌? 아니예요. '살아 있음' 입니다.

진짜 감사할 이유를 알고 감사하게 만드는 것이 호스피스들이
받은 축복의 핵심입니다.

최근 호스피스를 하다가 '뱃장이 맞지 않는다' 고 팽개친 사람을
보았습니다. 그는 핵심을 놓친 사람입니다. '살아 있음'이 얼마나 감
사한지.. 여전히 쓰임 받음이 얼마나 감사한지를 모르는 것 같아서
안타까웠습니다.

가장 불쌍한 사람은 돈이 없거나 장애가 있거나가 아닙니다.

고마움을 모르는 사람... 늘 불평을 입에 달고 사는 사람입니다.

그 다음으로 불행한 사람은 그런 사람과 함께 사는 사람입니다.

불평은 전염력이 매우 강하기 때문에 같이 불행해 지는 것입
니다.

고린도후서 6장14절에서 "너희는 믿지 않는 자와 멍에를 함께 메지

말라 의와 불법이 어찌 함께 하며 빛과 어둠이 어찌 사귀며.." 하셨습니다.

고마움을 모르는 사람을 깊히 사귀면 나도 불행해 진다는 것을 알아야 합니다.

왜 바람을 피웁니까? 아내(남편) 고마움을 모르기 때문입니다.

혹 이혼을 생각할런지는 모르지만, 평생을 이혼남(여) 꼬리표가 따라다니는 것을 알아야 하고, 또 그보다 나은 사람 만난다는 보장도 없는 것입니다. 아이들이 있다면 평생 씻을 수 없는 상처를 주는 것입니다.

사랑하는 성도들이여!

호스피스들로써의 최대 감사는 '현재가 있음'입니다.

추하기 이를데 없는 우리에게 하나님 사람으로 살아 가게 하신 것. 이작도 쓰임을 받고 있다는 것. 모두 모두 감사한 것 뿐입니다.

겸허함과 진심어린 감사로 내용있는 삶이 되시기를 바랍니다.

# 7

## 가난해서 구원받은 것이 아니다

"한 부자가 있어 자색 옷과 고운 베옷을 입고 날마다 호화롭게 즐기더라 그런데 나사로라 이름하는 한 거지가 헌데 투성이로 그의 대문 앞에 버려진 채 그 부자의 상에서 떨어지는 것으로 배불리려 하매 심지어 개들이 와서 그 헌데를 핥더라 이에 그 거지가 죽어 천사들에게 받들려 아브라함의 품에 들어가고 부자도 죽어 장사되매 그가 음부에서 고통중에 눈을 들어 멀리 아브라함과 그의 품에 있는 나사로를 보고 불러 이르되 아버지 아브라함이여 나를 긍휼히 여기사 나사로를 보내어 그 손가락 끝에 물을 찍어 내 혀를 서늘하게 하소서 내가 이 불꽃 가운데서 괴로워하나이다 아브라함이 이르되 얘 너는 살았을 때에 좋은 것을 받았고 나사로는 고난을 받았으니 이것을 기억하라 이제 그는 여기서

위로를 받고 너는 괴로움을 받느니라 그뿐 아니라 너희와 우리 사이에
큰 구렁텅이가 놓여 있어 여기서 너희에게 건너가고자 하되 갈 수 없고
거기서 우리에게 건너올 수도 없게 하였느니라"(눅 16:19~26)

성경은 하나님의 말씀이지만, 우리가 이해하기 쉽게 쓰여져 있습
니다. 그렇다고 해서 지나가듯 읽고 말 것은 아닙니다. 정신 바짝
차리지 않으면 놓치기가 쉬운 진리들이 그 속에는 숨겨져 있기 때
문입니다.

사람들은 천국이 실재(實在)하느냐 여부에 관심이 많습니다.

그런데 본문은 그 실재를 사실적으로 보여 주고 있습니다. 천국
입성에 성공한 나사로가 증명하고 있기 때문입니다.

본문은 비유가 아닌 실화입니다.

어느 부자집에서 구걸하여 연명하던 나사로가 있었습니다.

세월이 지나서 부자도 죽고, 걸인 나사로도 죽었습니다.

그런데 부자는 죽어 지옥으로 떨어졌고, 나사로는 아브라함(하나
님) 품에 안기게 되었습니다. 즉 구원을 얻게 되었습니다.

그런데 여기에 함정이 있을 수 있습니다.

'부자는 부자라서 버림을 받았고, 나사로는 불쌍해서 구원을 허락하
셨다'는 식의 오해가 있을 수 있습니다. 그렇지 않습니다. 구원은 어디

까지나 믿음으로만 얻습니다(롬 1:17).

부자는 늘 배부르고 등 따숩게 살다보니 뭐 부족한 것이 없었습니다. 그러다보니 천국에 대한 열망이 없었습니다. 누군가는 그랬다고 합니다. "천국이 아무리 좋으면 우리 집만치 좋으냐?"고..그런 식의 생각을 가진 자는 단언컨대 천국에 들어 갈 수 없습니다.

부자가 '어떤 부자'로 표기된 이유는 천국 주민등록 상 이름이 없기 때문입니다. 반대로 천국 주민등록에 이름이 있었습니다. 나사로는 부자의 상에서 떨어지는 부스러기로 연명하고 살았습니다.

개가 와서 헌데를 핥았습니다. 말할 수 없는 비애와 고통이 다가올 때 그는 무슨 생각을 했겠습니까?

"하나님 아버지. 내 비록 현세는 이렇게 살게 되었지만, 다음 세상에서는 전혀 다른 생을 살고 싶습니다"하였을 것입니다.

고통스러울 때 마다 울면서 기도하지 않았겠습니까? 그는 비참한 현실을 황홀한 미래를 바라보며 극복하고 있었을 것입니다.

요한복음 14장6절에는 "내가 곧 길이요 진리요 생명이니 나로 말미암지 않고는 아버지께로 올라 올수 없다"고 하셨습니다.

부자는 부자라서 구원을 못 받은 것이 아닙니다. 믿지 않아서 버림을 받은 것입니다.

나사로는 가난해서 구원을 받은 것이 아닙니다. 한계를 느낄 때마다 천국을 소망했기 때문에 받게 된 것입니다.

사랑하는 환우들이여!

나사로가 그 고통을 겪었는데 구원까지 받지 못했다면 그처럼 억울한 일도 없었을 것입니다. 우리 또한 이렇게 고통스러운데 구원까지 받지 못한다면 그처럼 억울한 일도 없을 것입니다.

"이 풍랑으로 인하여 더욱 빨리 갑니다"라는 찬송이 있습니다.(373)

이토록 극심한 고통이 구원을 얻게 되는 전화위복의 계기가 되어 지시기를 바랍니다.

# 8

## 결코 흔들릴 수는 없다

"형제들아 내가 이것을 말하노니 혈과 육은 하나님 나라를 이어 받을 수 없고 또한 썩는 것은 썩지 아니하는 것을 유업으로 받지 못하느니 라"(고전 15:50)

삶의 마지막 과정에 함께 한다는 것은 결코 생각처럼 쉬운 일이 아닙니다. 그분들의 아픔에 함께 해야 하기 때문이다.

고통 중 고통은 죽음을 받아 드리지 못하는 것이고, 이를 지켜 보는 이들 또한 여간 고통스러운 일이 아닐 수 없습니다. 안타까운 일 중에는 평소 교회의 상당한 위치에서 지도자 입장에 계시던 분 들까지도 죽음을 끝까지 받아 드리지 못하는 것을 보는 것입니다.

물론 죽음을 선고 받으면 누구나 본능적으로 흔들릴 수밖에는 없습니다. 사랑하는 이들과의 이별… 하던 일의 중단… 과정에서의 고통. 그리고 불확실한 미래에 대한 두려움 등으로 흔들릴 수밖에는 없습니다. 하지만 어느 정도의 시간이 흐르면서 객관적인 여러 정황에 따라서 더 이상 어떤 기대를 걸 수가 없음이 확실시 된 후에는, 죽음에 대한 영적 의미를 재점검하며 좀 더 적극적으로 대처해야 하는 것이 신앙인의 바른 자세라고 할 수 있습니다.

구원의 확신여부는 평안과 직결되는 것이며 남은 시간 삶의 질에 지대한 영향을 끼칩니다. 그런데 사실상 구원의 여부와는 상관없이 죽음을 끝까지 받아드리지 못함에는 평소 신앙의 목표를 웰빙에만 두고 있거나, 영생에 대한 제한적 이해가 주원인이 됩니다.

제한적 이해라고 함은 '영생은 미래적이다'고만 이해하는 것입니다. 이런 오해로 인하여 실제로 죽음을 맞아 확인하기까지는 눌려지낼 수밖에는 없습니다.

이런 고통을 겪지 않으려면 영생에 대한 바른 이해가 절대적으로 요구됩니다.

●**첫째**: 그렇다면 영생의 의미는 무엇일까요?

영생은 시간적으로 영원합니다

요한복음 11장25절에서 "나는 부활이요 생명이니 나를 믿는 자는 죽어도 살겠고 무릇 살아서 믿는 자는 영원히 죽지 아니하니라"고 하셨습니다. 영생은 그야말로 영원한 것입니다.


### 영생은 관계적입니다

생명의 영원함을 증명하기 위해서는 영생의 성격에 대한 이해가 필요합니다. 죽음이나 영생은 시간적 개념이기에 앞서서 관계적 의미입니다. 생명의 주인이시기에 절대자이신 하나님과의 관계단절이 곧 죽음입니다.

반대로 친아들의 희생을 전제로 한 절대자와의 관계회복이 곧 생명입니다. 그런데 본문 29에서 "...아무도 아버지 손에서 빼앗을 수 없느니라"고 하셨으니 한번 회복된 관계 즉 생명(영생)은 시간적으로 영원합니다.


### 영생은 현재적입니다

요한복음 5장24-25절에는 "...내 말을 듣고 또 나를 보내신 이를 믿는 자는 영생을 얻었고 심판에 이르지 아니하나니 사망에서 생명으로 옮겼느니라... 죽은 자들이 하나님의 아들의 음성을 들을 때가 오나니 곧 이때라 듣는 자는 살아 나리라"고 하셨습니다.

죽음이 순간적으로 온 것처럼 생명도 믿는 순간에 오는 것입니다. 이러한 구조를 이해하는 사람만이 493장 "영생을 맛보며 주안에 살리라"는 감격적 고백을 드릴수가 있습니다.

●**둘째:** 그렇다면 영생을 얻은 자(관계가 회복된 자)의 죽음은 무슨 의미가 있을까요?

진짜 천국으로 들어가는 출입문입니다.

우리는 찬 495에 "주 예수와 동행하니 그 어디나 하늘나라"라고 고백합니다. 그런데 실은 지옥과 같이 고통스러운 곳이 세상입니다.

하지만 주님과 관계가 회복된 후, 그분과 동행하게 되니 비록 지옥 같은 곳이라도 천국처럼 살수있다는 고백일 뿐 세상은 엄연히 고통의 연속입니다. 그러다가 하나님은 우리를 눈물도 고통도 없는 하나님 나라로 부르실 때가 있습니다.

그 과정이 죽음입니다.

이것을 안다면 세상사에 실망이 크면 클수록 바울처럼 "차라리 몸을 떠나 주와 함께 거하기를 간절히 사모해야 할 것"(고후 5:8)입니다.

많은 찬송가 마지막 절이 천국을 소망하는 가사로 되어있습니다. 평상시 그러한 마음가짐으로 신앙생활을 해온 것이 사실이라면, 정작 사모하던 천국 정문 앞에 도착했을 때 흔들릴 수 있을까? 결코 흔들릴 수는 없습니다. 영생을 얻은 자의 죽음은 '눈 감았다가 눈뜨면 천국임'을 잘 알기 때문입니다. 아멘.

# 9

# 미쁘신 하나님

"너희가 모든 은사에 부족함이 없이 우리 주 예수 그리스도의 나타나심을 기다림이라 주께서 너희를 우리 주 예수 그리스도의 날에 책망할 것이 없는 자로 끝까지 견고하게 하시리라 너희를 불러 그의 아들 예수 그리스도 우리 주와 더불어 교제하게 하시는 하나님은 미쁘시도다"(고전 1:7~9)

우리나라를 종교백화점이라고도 합니다.

그토록 많은 종교도 나누자면 참 종교와 거짓 종교로 나눌 수 있습니다.

참 종교는 확실한 소망을 줄 수 있어야 합니다.

기독교는 예수님 재림을 약속하고 있습니다.

예수님 재림의 의미는 무엇일까요?


## 1. 모든 고통이 끝나는 것

예수님이 다시 오시는 날 우리의 고통도 끝나는 것입니다. 마치 춘향에게 이 도령이 오면서 모든 것이 끝났듯이 말입니다. 어떻게 해야 하겠습니까?


## 2. 책망할 것이 없어야…

춘향이가 변사또의 회유에 자신을 지키지 못했다면 차라리 이 도령을 만나지 않는 것이 좋았을 것입니다. 하지만 그녀는 끝까지 참고 순결을 지켰습니다.

이 도령만 오면 그 고통도 일순간에 끝나는 것을 알았기 때문입니다.

주님이 오셔서 만나는 것까지는 좋으나 책망할 것이 없어야 합니다. 책망 받을 일이 있다면 차라리 만나지 않는 것이 나을 것입니다. 어떻게 해야 되겠습니까?


## 3. 미리 대비해야…

우리는 이 세상에 올 때 단독자로 왔습니다.

그리고 다시 오시는 그날에 단독자로 그 앞에 서게될 것입니다.

그날의 만남이 어색한 만남이 되지 않아야 합니다. 어떻게 해야 되겠습니까? 대비해야 합니다.

하나님은 우리가 그날을 대비하도록 배려하셨습니다. 예배입니다. 예배시간은 그분과 신령한 교제를 나누는 시간입니다. 예배를 통하여, 모르던 주님도 알게 되고, 알기만 하던 주님을 날마다 확신하게도 되는 것입니다.

하나님은 그날의 만남이 당황스런 만남이 되지 않게 하시려고 지금, 이곳에서 부터 날마다 교제케 하시는 것입니다.

가없는 하나님 사랑을 알게 되었다면 어쩐지 든든한 믿음(미쁘심)이 가지 않으십니까?

남은 시간을 더욱 예배에 매진하여 결국 예배로 성공하는 생애가 되시기를 바랍니다.

# 10

## 성경의 욧점

"하나님이 세상을 이처럼 사랑하사 독생자를 주셨으니 이는 그를 믿
는 자마다 멸망하지 않고 영생을 얻게 하려 하심이라"(요 3:16)

성경이 라틴어로만 되어 있고 그나마 흔치 않아서 일반인들은
내용도 잘 모르면서 '아멘' 하던 때가 있었습니다. 종교개혁 이전의
이야기입니다. 그러나 종교개혁 이후로는 독일어 영어 등으로 성경
이 번역되기 시작하여 일반인들도 성경을 읽고 그 뜻을 잘 알게 되
었습니다.

그렇다고 성경읽기가 말처럼 쉽지는 않습니다. 워낙방대하기 때
문입니다. 그래서 한때는 성경속독이 유행처럼 번지던 때도 있어서

속독으로 일 년에 수십 번을 읽는 사람들도 나타나기도 하였습니다. 그만큼 성경읽기가 만만치 않다는 뜻입니다.

그런데 여기에 성경을 압축하고, 압축하고 또 압축해서 한절로 만든 요점 구절이 있습니다. 곧 요한복음 3장16절입니다. 형편상 성경을 다 읽지를 못한다고 해도 요점을 잘 이해하면 의미적으로는 성경전체를 이해했다고도 할 수가 있을 것입니다.

반대로 성경을 수십 번씩 읽었어도 요한복음 3장16절을 제대로 이해하지 못한다면 성경전체를 이해했다고 말하기가 어려울 것입니다. 본문이 그렇게 중요한 구절입니다. 이 안에는 도대체 어떤 내용이 있을까요?

## 1. 하나님은 사랑이시다

'하나님…'하면 왠지 두려움의 대상으로 여기는 분도 있습니다. 죄에 대한 양심의 반응 때문입니다. 하지만 하나님은 죄를 회개만하면 언제든지. 얼마든지 용서해주시는 사랑의 하나님이십니다. 그렇습니다. 하나님은 사랑이십니다(요일4:8)

그런데 사랑이란 관념적이기에 어떤 외부적 증명이 필요합니다.

가령 어떤 이가 결혼을 약속하는 사이라면 뭔가의 행동을 통해서 사랑을 보여주고 입증시켜야 합니다. 사랑한다고 하면서도 뭔가로 확인시켜 줄 수 없다면 신뢰할 수 없는 사랑입니다. 하나님은 독생자를 주시는 것으로 우리를 향하신 지고하신 사랑을 입증하셨습니다.


## 2. 독생자를 주신 목적은 우리의 구원이다

독생자를 보내심은 유랑 차. 산보 차 보내신 것이 아닙니다.

죄로 인하여 멸망의 자리에 있는 우리를 구원(영생) 하심이 목적이었습니다. '주셨다'는 것은 희생을 의미합니다. 우리 구원을 위해서 독생자는 희생제물이 되셨습니다.


## 3. 우리가 할 일은 믿는 것이다

우리의 구원을 위해서 하나님이 하신 일이 독생자 희생이라면, 우리가 해야 할 일은 그것을 믿는 것 입니다. 믿음이란 자신이 얼마나 더럽고 추악한 존재인가를 알고, 죄의 대가가 얼마나 가혹한가를 알고, 그러면서도 대책이 전무함에 절망하는 가운데 예수님 희생의 의미를 이해하고, 그 공로를 인정하며 인격적으로 수용하는 것을 의미합니다.

성경의 요점을 잘 이해하고 하나님 사랑이 일방적이 되지 않도록 '확고한 믿음'으로 구원에 꼭 이르시기를바랍니다.

# 11

## 잠을 주시는 이유

"너희가 일찍이 일어나고 늦게 누우며 수고의 떡을 먹음이 헛되도다 그러므로 여호와께서 그의 사랑하시는 자에게는 잠을 주시는도다"(시 127:2)

우리는 하루의 약 3분의 1을 잠으로 할애합니다.

육체적 잠은 휴식의 기회입니다. 반드시 잠을 자야 생체리듬을 정상 유지할 수가 있기 때문입니다.

그런데 잠은 육체적 뿐 아니라 영적으로도 깊은 의미가 있습니다. 생각의 기회입니다.

이 고통의 시간에 우리는 무엇을 생각해야 할까요?

1. 인간이 얼마나 연약한 존재인가를…

얼핏 보면 인간처럼 강한 존재도 없는 듯합니다.

하지만 가만히 생각해 보면 인간처럼 약한 존재도 없습니다.

현미경을 통해서도 겨우 보일 듯 말 듯 한 작은 바이러스에도 맥없이 넘어 가버리는 존재…이것이 인간입니다. 이 시간에 깨달을 것은 "인간처럼 연약한 존재도 없구나"입니다.


2. 모두가 하나님 은혜였음을…

자신이 그렇게 연약한 존재라면 "그래도 지금까지 건재했던 것은 모두가 하나님 은혜였구나"를 생각해야 합니다. 의도적으로 인정하지 않았다면 통회자복 해야 합니다.


3. 여생을 맡겨야 함을…

내가 얼마나 연약한 존재인가를 알고, 그럼에도 이만큼이라도 건재해 온 것이 은혜라는 것을 인정한다면 남은여생도 그분께 맡겨야 할 것입니다.

시련에는 뜻이 있습니다. '마지막 순간까지 하나님만을 의지하라'시는 것입니다.


이토록 극심한 고통 한가운데서도 주목할 구절이 있습니다.

"사랑하는 자에게…"입니다.

얼핏 이해하기 어려운 말씀이지만, 가만히 생각해보면 '이런 생각을 할 수 있다'는 자체가 복입니다. 이것은 확실히 사랑하는 이들에게 주시는 은혜입니다.

이 시간에도 아무 생각도 없이 허구한 날을 원망으로 지새우는 사람이 얼마나 많은지요.

큰 깨달음으로 이 깊은 고통의 늪을 성공적으로 건너시기를 바랍니다.

# 12

---

# 책망받은 이유

"배에 오르시매 제자들이 따랐더니 바다에 큰 놀이 일어나 배가 물결에 덮이게 되었으되 예수께서는 주무시는지라 그 제자들이 나아와 깨우며 이르되 주여 구원하소서 우리가 죽겠나이다 예수께서 이르시되 어찌하여 무서워하느냐 믿음이 작은 자들아 하시고 곧 일어나사 바람과 바다를 꾸짖으시니 아주 잔잔하게 되거늘 그 사람들이 놀랍게 여겨 이르되 이이가 어떠한 사람이기에 바람과 바다도 순종하는가 하더라"

(마 8:23~27)

하루 종일 가르치고 고치기에 지치신 주님은 호수 건너편으로 갈 것을 명하셨습니다. 배에 오르자 주님은 곤하여 주무셨습니다.

그런데 배가 어느 정도 진행 했을 때, 전혀 예기치 않은 광풍이 일기 시작하였고 감당하기 어려운 물이 배 안으로 차 들어오고 있었습니다. 바다에서 나서 바다에서 잔뼈가 굵어진 제자들이었지만 당황하지 않을 수 없었습니다.

처음에는 될 수 있는 대로 주님을 깨우지 않으려고 애를 썼지만 결국은 깨울 수밖에는 없었습니다. 그런데 상식 밖의 상황이 벌어지고 있었습니다. 깊은 잠에서 깨어나신 주님은 일단 바람을 잠재우신 후에 제자들의 고생하고 있음에 대한 위로나 칭찬이 아닌 '적은 믿음에 대해' 책망하시는 것이 아니겠습니까. 어찌 된 일일까요?

순종의 길에도 풍랑이 있음을 생각지 못했기에 제자들은 지금 바다 건너편으로 향하던 중에 풍랑을 맞았습니다. 제자들은 짜증이 났습니다. 왜 짜증이 날까요?

그 길은 주님이 지시하신 길입니다. 당연히 순탄했어야 했습니다. 그런데 풍랑이 일고 있습니다. "가라고 하셔서 가고 있는데 이럴 수가 있는가?" 그게 화가 났을 것입니다.

우리가 거듭나면 뚜렷한 인생의 목표가 생깁니다. 천국입니다. 그런데 문제는 그 길이 만만치가 않다는 것입니다. 온갖 고통이 여전합니다. 심지어는 바르게 살려고 하기 때문에 없던 고통도 생기는 것입니다. 이때 자칫하면 불평, 불만이 나오기가 쉽습니다.

"순종하는 길인데 왜 이리도 고통스러운가?" 하지만 타락 후의 모든 인생은 근본적으로 나그네로서의 고난을 피할 수는 없는 것입니다.

예수님을 믿어도 아플 수 있고, 외로울 수도 있고, 억울한 일을 당할 수도 있는 것입니다. 이 정도의 각오는 신앙생활에서 필수 입니다.


풍랑 속에도 주님이 계심을 생각지 못했기에 그들은 주무시는 주님을 향하여 짜증을 내고 있었습니다. "우리는 죽게 되었는데 어찌 무관심하느냐?"면서…

하지만 깨여나신 주님은 위로는 커녕 심한 책망을 하셨습니다.

웬 일일까요? '적은 믿음' 때문이었습니다.

그들은 아무리 풍랑이 거세어도 주님이 함께 하시는 한, 배는 절대로 뒤집히지는 않는다는 사실에 대한 믿음이 없었고, 배가 뒤집히지 않는 한, 목적지에는 반드시 도착할 수 있다는 것을 확신하지 못했습니다.


잘 믿다가도 막판에 흔들리는 분들이 있습니다. 천국을 확신할 수 없다는 것입니다. 하지만 한번 구원받은 사람은 반드시 천국에 들어갈 수밖에는 없습니다.

세상에서 아버지만큼 큰 자는 없기에 아버지의 손에서 우리를 빼앗을 자도 없기 때문입니다(요10:28-29). 아버지는 이땅의 절대 강자. 이 세상의 절대 지존입니다.

다윗의 위대함은 왕궁에 있을 때가 아니라, 사망의 음침한 골짜기에 있을 때 드러났습니다. 그는 죽음의 그림자가 드리운 상황에서도 큰소리를 치고 있었습니다. 옆에 주님이 계심을 믿기 때문이었습니다(시 23:4).

심지어는 주님이 자신을 떠나지 않는 한, 천국입성까지도 확신한다고 고백하고 있었습니다(시23:4-6).지금 우리에게도 다윗과 같은 큰 믿음이 요구됩니다. 아멘.

제3부

# 광야의 소리

# 1

—

# 자원봉사자 없이는 할 수가 없다!

(한국호스피스협회 소식지 특별 기고문)

"호스피스는 자원봉사자 없이는 할 수가 없다!"

이것은 현대적 의미에서의 호스피스를 창시한 의사 시실리 손더스의 지적입니다.

'호스피스가 지금은 '호스피스 완화의료'라는 명칭으로 공식화 되었지만, 당초에는 '호스피스' 용어에 이의를 제기하는 사람은 없었습니다.

치료 의학이 중단된 단계이기에 의료행위 보다는 돌봄(care)의 의미가 더 크기 때문이다. 그렇다고 해도 증상 완화행위는 지속되어야 하는 것이므로 '호스피스 완화의료'라는 합성 명칭이 탄생되었다고 하겠습니다.

노인장기요양법의 의미가 '국가가 효자가 되어 주겠다'는데 있다면, 호스피스 완화의료법 역시 '국가가 가족이 되어 주겠다'는 의미가 있습니다. 돌봄 대상에 가족까지를 포함하며 법 취지가 '삶의 질 향상'에 있기에 가족을 대신하는 호스피스 간병인(도우미) 제도를 도입하여 그 비용까지를 지원해 줌으로써 가족의 고통을 덜어 주고 있습니다. 그야말로 '요람에서 무덤까지'라는 복지사회 목표에 성큼 다가가고 있는 느낌입니다.

● 도우미와 자원봉사자의 역할 이해

그런데 문제가 있을 수 있다. 간병인과 자원봉사자 간 역할에 대한 오해 즉 '간병인 때문에 자원봉사자 역할이 없어졌다'는 생각입니다.

결론부터 말하자면 간병인과 자원봉사자는 그 위치가 다릅니다. 간병인은 가족을 대신한 직업인이고, 자원봉사자는 어디까지나 친구입니다. 가족은 가족으로서의 역할이 있고, 친구는 친구로서의 역할이 있습니다.

제도화 이전에도 간병인은 있어 왔다. 대개 생활 여건이 타이트하면 간병인의 손을 빌리기도 하지만 가령 간병 여건이 충분한 가정이라면 굳이 간병인을 채용할 필요까지는 없을런지도 모릅니다.

호스피스병동 평균 재원일수가 20일 임을 감안한다면 더욱 그러합니다.

어느 간호사가 환우에게 "필요한 것이 무엇인가요?"고 물었을 때 "친구가 필요해요" 하더라는 말을 들었을 때 마음이 너무 아팠습니다.

가시는 길이 그만큼 외롭습니다. 그토록 외로운 길에 친구가 되기 위해서 자원하여 뛰어 든 이들이 자원봉사자들입니다. 그야말로 이름도 없고 빛도 없이...

● 호스피스 종사자 교육의 의미

호스피스 종사자(전문인력. 자원봉사자 불문) 교육이 대개 60시간(주1회씩 3개월) 전 후가 됩니다. 가끔 "단기 코스는 없는가"묻는 이가 있습니다. 그때마다 필자는 "꼭 정규학교 다닐 필요가 있는가. 검정고시로써도 얼마든지 학력을 인정받을 수 있는데.."라는 말로 답을 대신하곤 합니다.

근 3개월 동안에 우리는 무엇을 배우는가? 이론 연구나 skill습득의 기간이 아니다. 고통받는 이들의 친구로서의 마음가짐을 준비해야하는 기간입니다. 호스피스 교육은 종사 분야와는 상관없이 '혼(魂)의 교육'입니다. 그러하기에 과정 중. 선배들의 현장 경험담은 준비자들에게 많은 도움이 되고 있습니다. 가끔은 "너무 지식 중심의 교육이 되다보니 남는 것이 없네요"하는 말을 듣기도 합니다.

가족을 대신하고 있는 간병인은 가족으로서의 역할이 있고, 자원봉사자는 친구로서의 분명한 역할이 있습니다.

필자의 사역지 (의법)메트로병원의 경우. 지난 19년간 호스피스 활동을 해 왔고, 지금도 월 100명 정도의 자원봉사자들이 체계적으로 활동하고 있습니다. 그런 가운데 작년 9월부터는 제도권에 진입하여 우리 또한 도우미 제도를 운영하고 있다. 하지만 자원봉사자 고유 역할에 대한 수요는 더욱 증대되고 있고, 병원 경영진에서는 봉사자 사기진작(土氣振作)을 위하여 자원봉사자 수련회 소요경비를 지원해 주는 등 적극적인 지지를 아끼지 않고 있습니다.

● 호스피스들의 사명
호스피스에서는 환우 분들로 하여금 "세상은 역시 아름다웠어" "확실히 살 만한 가치가 있었어"라는 생각을 가지고 떠나가시도록 해 드릴 책임이 있다. 이를 위하여 지금도 전국의 많은 봉사자들이 함께 드리는 예배로, 목욕과 이발로, 맛사지로, 산책과 말벗으로, 때로는 말없이 병상을 지키는 일로 그리고 재능기부로 '피부에 닿는 섬김'을 통하여 닫힌 마음을 열게 하는 일에 땀을 흘리고 있습니다.

이 역할까지를 간병인에게 기대하는 것은 물리적으로도 무리다.

이 역할은 어디까지나 친구로써의 마음 준비가 된 자원봉사자들의 몫입니다.

요양보호사 제도가 처음 시작되었을 때 "요양보호사 자격 취득에 요구되는 임상시간에 호스피스 자원봉사 실적을 참고해 주도록 당국에 건의를 요청하는 분들이 있었습니다. 그때 필자는 "호스피스 자원봉사의 숭고한 정신이 훼손될까 걱정이다"는 말로 교통정리를 해 주었습니다. 인식(認識)의 문제가 아닌가 싶습니다. 상호 역할을 오해함으로써 자원봉사자들의 아름답고 숭고한 정신이 상처를 받지 않았으면 좋겠습니다.

호스피스는 수용시설도 아니고, 관리의 대상도 아닙니다.

함께 울고 웃는.. 가장 인간적이어야 하는 곳!

호스피스는 바로 그런 곳이 되어야 하지 않을까요?

시실리 손더스의 지적을 다시금 생각해 본다.

'호스피스는 자원봉사자 없이는 할 수가 없다!'

# 2
—

# 죽음, 연습해야 한다

(국민일보 미션라이프 기고)

"형제들아 내가 그리스도 예수 우리 주 안에서 가진 바 너희에 대한 나의 자랑을 두고 단언하노니 나는 날마다 죽노라"(고전 15:31)

어느 야구 투수가 국제 대회에서 우승했습니다. 사람들이 그에게 승리 투수가 된 비결을 묻자 이렇게 답했습니다.

"내 생애에 다시 오기 힘든 큰 경기라고 생각하니 도저히 잠을 이룰 수 없었습니다. 남들이 모두 잘 때 달빛을 벗 삼아 밤새도록 던지는 연습을 했는데, 그게 비결이라면 비결입니다."

우리는 살아가면서 중요하다고 생각하는 일은 연습을 합니다. 입시와 각종 대회를 앞두고, 또는 운전면허증을 따기 위해서도 얼마나 많은 연습을 합니까.

우리는 근본적으로 죽음에 대한 두려움을 갖고 있습니다. 이 난제를 풀려면 죽음을 솔직히 인정하는데서 시작해야 합니다. 주님이 오신 목적은 죽음에서 우리를 건져내어 주시기 위함입니다.

"그러므로 예수께서 자기를 믿은 유대인들에게 이르시되 너희가 내말에 거하면 참으로 내 제자가 되고 진리를 알지니 진리가 너희를 자유롭게 하리라."(요 8:31:32)

우리가 신앙을 갖는 핵심적 이유도 바로 거기에 있습니다. 그렇다면 이 엄청난 일을 연습 없이 맞이해서야 되겠습니까?

최근에 기독교교육학회 추계학술대회에서 '죽음에 대한 목회자들의 행동 반응'에 대한 연구 조사 결과가 발표됐습니다. 흥미로운 사실은 병원에서 사역하는 원목들이 선교사나 담임목회자에 비해 상대적으로 죽음을 담담하게 받아들이고 있다는 겁니다. 이런 격차는 어디에서 오는 것일까요. 바로 훈련입니다.

원목들이 죽음 앞에 담대해질 수 있는 건 죽음을 자주 접하면서 감정이 무디어졌기 때문이 아닙니다. 원목들은 죽음이 임박한 환우들의 마음을 열어 복음을 심어주거나 재확인합니다. 그러면서 죽음을 긍정적으로 수용하는 과정을 지켜봅니다. 이런 훈련을 통해 형성된 담대함이라 할 수 있습니다.

아무리 훌륭한 삶을 살았다 하더라도 죽음을 긍정적으로 수용할 수 없다면 결코 잘 살다 가는 것으로 볼 수 없습니다. 마지막 과정에서의 평안이 중요합니다. 생의 마지막에 참된 평안을 누리려면 조건이 있습니다. 과거의 모든 관계들이 깔끔하게 정리가 되어야 하고, 죽음 이후에 대한 확신이 있을 때만이 가능합니다.

두 가지 조건이 모두 중요하지만, 후자가 더욱 중요합니다. 평안은 내세(來世)를 찬란하고 영광스런 나라로 이해하고(고후12:1,4), 천국의 입성을 확신하면서 때를 기다리는 자만이 누릴 수 있습니다.

"만일 땅에 있는 우리의 장막 집이 무너지면 하나님께서 지으신 집 곧 손으로 지은 것이 아니요 하늘에 있는 영원한 집이 우리에게 있는 줄 아느니라"(고후 5:1)

"참으로 우리가 여기 있어 탄식하며 하늘로부터 오는 우리 처소로 덧입기를 간절히 사모하노라, 우리가 담대하여 원하는 바는 차라리 몸을 떠나 주와 함께 있는 그것이라(고후 5:2,8)

인생의 날은 저물고 있는데 돌아갈 미래가 보장되지 않는 자에게 무슨 평안이 있겠습니까? 필자는 지금까지 2400명이 넘는 호스피스 환우 분들을 떠나보내면서 죽음을 맞이하는 다양한 모습을 목도했습니다. 치유불가를 선고받으면 예외 없이 충격에 휩싸입니다. 본능입니다. 하지만 끝까지 죽음의 두려움에서 벗어나지 못한다면 문제는 심각해집니다.

기독교는 죽음을 정면으로 돌파하는 종교입니다. 여기엔 훈련이 필요합니다. 호스피스 교육이 가장 좋은 훈련입니다. 성도들이라면 꼭 권하고 싶습니다. 호스피스 환우들의 영적 돌봄을 도우며 그들이 떠나는 마지막 순간을 지켜보는 것 자체가 죽음을 맞이하는 훈련이 됩니다.

호스피스는 긍휼사역이 아닙니다. '죽는 게 무서워서 평생을 종노릇하는 모든 자들을 놓아 주려 하시는 주님의 사역'(히 2:15)을 계승하는 것입니다. 아울러 자신의 죽음을 준비하는 가장 실제적인 훈련입니다. 인생의 최대 난제인 죽음, 반드시 연습해야 합니다.

# 3
—

# 호스피스 사역에 관한 목회적 이해

(기독교개혁신보 기고문)

"자칫 죽음을 준비할 기회를 놓칠 수 있다는 것 간과해선 안돼"

금년 7월부터 호스피스 완화의료법이 시행되고 있습니다. 이제는 말기 암 환우들이 제도권 안에서 수혜(受惠)를 보게 되었습니다.

그동안은 생명 연장에 대한 본능적 집착과 대책 없이 소요되던 의료비 부담 그리고 관계의 단절 등으로 고통받던 많은 말기 암 환우들이 제도권 안에서 노출되면서 삶의 질 또한 이전과는 비교할 수가 없게 향상되게 되었습니다.

이에 호스피스 사역에 관한 목회적 이해를 함께 나누고자 합니다.

## ● 돌봄의 필수 인력

시행법의 적용 대상은 의료기관이며 여기에 인적 자원으로는 의사, 간호사, 사회복지사, 성직자, 자원봉사자 등의 인력을 갖추어야 합니다. 눈 여겨 보아야 할 것이 있다. 필수 요원 가운데 성직자가 있다는 것입니다.


## ● 돌봄의 궁극적인 목표는 평안

전인적 건강의 의미는 편안(便安)과 평안(平安)의 균형에 있습니다.

그런데 호스피스 환우들은 편안하지 않습니다. 결국은 편치 못함의 극한점에 이르러서 생을 마치게 됩니다. 이에 적극적으로 지지해 주어야 할 것은 또 다른 축(軸)인 평안입니다.

치유불가 선고 후로부터 실제 사망에 이를 때까지의 멈춘 듯한 시간은 무슨 의미가 있을까요? 삶을 완성해야 하는 시간입니다. 아름다운 정리가 곧 완성입니다.


그간의 삶의 의미(보람)를 찾고, 살아가면서 본의 아니게 왜곡(아쉬움)될 수도 있었던 관계들과의 원상회복(충족)이야말로 완성입니다. 그리고 불투명한 미래에 대한 확실한 보장을 확인했을 때, 현실적 죽음을 삶의 일부분이라고 이해할 수가 있고, 이런 이해를 전제로 마음의 평안도 누릴 수가 있는 것입니다.

세례를 받는 분들 가운데는 눈물짓는 분들을 보게 됩니다. 눈물의 의미가 무엇이냐고 물은 적은 없지만 필자는 그 눈물의 의미를 알고 있습니다. 안도(安堵)의 눈물입니다. 아무도 가 본적이 없는 길, 아무도 같이 할 수 없는 길, 가다가 되돌릴 수 도 없는 길을 걷는 이에게 무슨 평안이 있었겠습니까?

● 참 평안은 복음으로

"너희는 마음에 근심하지 말라 하나님을 믿으니 또 나를 믿으라 내 아버지 집에는 거할 곳이 많도다"(요14:1-2)라고 약속하셨고 "내가 곧 길이요 진리요 생명이니 나로 말미암지 않고는 아버지께로 올 자가 없노라"(요14:6)시며 구체적 방편까지 확인시켜 주셨습니다.

따라서 호스피스 현장은 불신자에게는 당연히 복음으로의 초청 자리가 되어야 할 것이고, 신앙인들에게는 재점검의 자리가 되어야 합니다. 평소 잘 믿는다고 여겨지던 사람들도 죽음 앞에서는 흔들 릴 수밖에는 없습니다. 본능입니다.

하지만 그 흔들림이 임종 순간까지 지속된다면 문제가 심각합니다. 삶의 질은 바닥을 헤매게 되기 때문입니다. 이때는 근거 없는 희망을 주기 보다는, 복음 제시(점검)와 찬양과 기도로 죽음의 긍정적 수용을 도와야 합니다.

● 죽음에는 준비가 필요하다

"기적은 얼마든지 있다. 생명을 포기하는 것을 이해할 수가 없다"

는 말을 듣습니다.

물론 남은 이들은 치료를 위하여 최선을 다 해야 합니다. 또한 양을 생각하는 목자로써의 마음도 충분히 이해 할 수 있습니다.

하지만 현대 의학적 최종 판단이 불치였다면 현실을 인정하는 것도 매우 중요합니다. 그래야 죽음을 준비할 수 있기 때문입니다. 우리의 본질적이고도 궁극적인 관심은 천국에 있습니다. 그런데 "혈과 육은 하나님 나라를 유업으로 받을 수 없다"(고전 15:50)고 하셨습니다.

평소에 눈물로 대변되는 세상을 살면서 늘 천국을 사모해 온 것이 진심이었다면, 죽음은 천국의 관문입니다. 이제 그 문턱에 도착하여 실제 입성을 기다리고 있는 것이 아닐까요? 절체절명에서 흔들리는 이들에게는 이 점을 강조하고, 거듭해서 확인시켜 주어야 합니다.

# 4

## 교회와 호스피스

(기독교개혁신보 기고)

"죽음에 대한 두려움, 교회가 제거할 수 있어야"

우리는 지금 이른바 '암 시대'를 살고 있습니다. 국민 전체 사망원인의 1/4이 암이며 사망 원인 1순위가 암입니다. 이젠 주변에서 암으로 사망한 분들이 나 현재 암으로 고통 하는 한두 분 정도는 쉽게 만날 수 있습니다.

● 암은 사망 원인의 제1순위

그런데 말기 암의 경우, 사망 전 2개월 간에 들어가는 의료비가 전체 치료기 간에 들어가는 의료비의 약 1/2이 소요된다고 합니다. 결과적으로는 국가적으로도 큰 손실입니다. 더구나 대개의 경우,

중환자실에서 죽음을 준비할 여유도 갖지 못하고 차디찬 각종 기계에 묶인 채 비 인간적 환경에서 우리의 곁을 떠나갑니다.

정부에서도 이러한 문제점을 심각하게 인식하고 호스피스 법제화를 서두르고 있습니다. 경제적 손실을 막는 것과 함께 인간다운 죽음을 맞도록 하자는 것입니다. 즉 말기로 확진된 경우 무의미한 연명 치료를 중단하고 통증 등의 증상을 완화시켜 주면서 나머지 시간들을 의미 있게 보내도록 도움으로써 삶의 질을 높이자는 개념입니다.


사람은 죽음을 두려워합니다. 그 이유는 대체로 ①사랑하는 이들과의 이별 ②생활의 중단 ③죽어가는 과정의 고통 등이 있습니다. 하지만 가장 본질적인 두려움은 '미래에 대한 불확실성' 즉 죄책감과 이에 따르는 심판에 대한 두려움입니다. 이것은 종교가 아니면 답을 줄 수 없는 영역입니다.

우리들은 이 난제를 믿음으로 극복합니다. 구원은 시간적 변화라기보다는 존재론적 변화입니다(요 5:24-25). 그런데 구원을 얻은 것과 확신을 가지고 있다는 것이 '반드시 동일함'을 의미하지는 않습니다.

불신자는 말할 것도 없지만 소위 잘 믿는다던 분들도 죽음 앞에서는 흔들리는 것을 자주 봅니다. 얼굴이 늘 어둡고 깊은 잠을 못 이루거나 신경질적이 되거나 심지어는 하나님을 원망함으로 날을 보내다가 생을 마감하기도 합니다.

참으로 안타까운 일이다. 교회는 이들의 연착륙을 도와야 합니다.

전인적 존재인 인간에 대한 돌봄에는 다(多)학문적인 접근이 필요하다. 하지만 이 모든 시도의 궁극적인 목표는 평안입니다.

행복을 위한 조건은 육체적 편안과 정신(영혼)적 평안의 균형 있는 조화입니다. 그런데 말기 암 환우들은 편안치 못합니다. 불편함의 극한 상황에서 사망합니다. 따라서 또 다른 조건인 평안을 극대화 시켜주어야 합니다(고후 4:16).

그렇다면 교회 호스피스 사역의 의미는 무엇일까요?

### 1. 교회의 본질적인 사역이다.

히브리서 2장15절에서 "죽기를 무서워하므로 일생에 매어 종노릇하는 모든 자들을 놓아주려 하심이니"라고 하심으로써 주님 자신이 오신 목적을 분명히 하셨다. 그런데 에베소서 1장23절에서는 "교회는 그의 몸이니"라고 하셨습니다. 따라서 교회가 주님의 몸이라고 정말 믿는다면 현실적으로 죽음을 두려워하고 있는 말기암 환우들을 돌보아야 합니다. 그것도 아주 적극적으로 돌보아야 합니다.

### 2. 경외스러운 사역이다.

상에는 각종 가치들이 혼재해 있습니다. 그 중에서 가장 숭고한 가치는 사람의 생명입니다. 호스피스 사역은 그토록 숭고한 생, 그것도 마지막 과정을 집중적으로 섬기는 경외스럽기까지 한 사역입니다.

### 3. 교회의 실추된 위상, 얼마든지 다시 되 찾을 수 있다.

요즈음 우리가 듣는 비판의 소리를 한마디로 말하자면 '자신들에게 감동을 주지 못한다'는 아우성의 목소리입니다. 이러한 비판에 대한 바람직한 대안 중 하나가 호스피스 사역입니다. '긴 병에는 효자가 없다'는 말이 있습니다. 가족도 어쩔 수 없는 극한 상황에서 묵묵히 강도 높은 십자가의 도(道)를 실천하는 이들이 있다면 그들은 무슨 생각을 하게 될까요?

호스피스 사역의 성공적 수행은 안티성 비난도 얼마든지 잠재울 수 있습니다. 뿐만 아니라 교회를 얼마든지 다시 일어서게 할 수 있습니다. 교회 성장의 문제도 결국은 백성들의 칭송과 아주 밀접한 관계가 있기 때문입니다(행 2:47).

### 4. 어떻게 하면 다가오는 죽음 앞에서도 평안히 지내도록 도울 수가 있을까?

훈련해야 합니다. 이것이 교회에 주어진 과제입니다. 교회는 준비도 안 된 성도들을 섣불리 죽음의 현장으로 보내서는 곤란합니다. 이들 때문에 얼마나 많은 환우들이 오히려 고통을 겪는지 모릅니다. 교회는 이를 위하여 훈련되어야 합니다. 주님은 '우는 자와 함께 울라'(롬 12:15)고 하셨습니다. 죽음 앞에 단독자로 서 있는 이들보다 더 슬픈 자가 있을까요?

교회가 영적 평안 제공해야 합니다.

이제는 암 질환에 대하여 어느 누구도 자유롭지 못합니다
호스피스 사역은 '암 시대'를 같이 살아가고 있는 교회를 향한 결코 거부할 수 없는 '하나님의 소명'입니다. 교회 지도자들은 이 점을 결코 간과해서는 아니 될 것입니다.

마치는 말

# 천사가 흠모할 만한 사역

우리 모두가 희망하는 아름다운 마무리(=죽음 앞에서의 평안)는 결코 이론처럼 간단한 일이 아니다. 죽음의 긍정적 수용에는 과정과 시간이 필요합니다.

아름다운 죽음을 준비해야 하는 이들 앞에서는 좀 더 신중함이 요구됩니다. 끝까지 생명 연장에만 집착하거나, 이를 도모(圖謀)하는 사이에 자칫하면 죽음을 준비할 기회를 놓칠 수도 있다는 것을 간과(看過)해서는 안 됩니다.

지금은 이른바 '호스피스 시대'입니다. '천사가 흠모할 만한 호스피스 사역'에 대한 목회자들의 진지한 접근과 철저한 준비가 필요합니다.

# 고난돌파

조봉희 지음

**짐**을 주신 하나님은, **힘**도 함께 주신다!
절망을 희망으로 바꾼 승리자 욥!

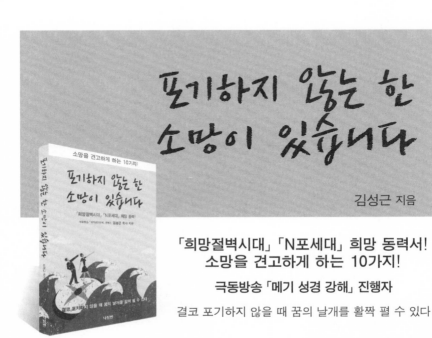

# 포기하지 않는 한 소망이 있습니다

김성근 지음

「희망절벽시대」「N포세대」 희망 동력서!
소망을 견고하게 하는 10가지!

**극동방송 「메기 성경 강해」 진행자**

결코 포기하지 않을 때 꿈의 날개를 활짝 펼 수 있다

# 《맞춤형 30일간 무릎기도문 시리즈》

## 염려대신 기도합시다! 기도하면 문제가 해결됩니다!

가정❶ 자녀를 위한 무릎기도문
가정❷ 가족을 위한 무릎기도문
가정❸ 남편을 위한 무릎기도문
가정❹ 아내를 위한 무릎기도문
가정❺ 태아를 위한 무릎기도문
가정❻ 아가를 위한 무릎기도문
가정❼ 재난재해안전 무릎기도문 (부모용)
가정❽ 재난재해안전 무릎기도문 (자녀용)
가정❾ 십대의 무릎기도문 (십대용)
가정❿ 십대자녀를 위한 무릎기도문 (부모용)

교회❶ 태신자를 위한 무릎기도문
교회❷ 새신자 무릎기도문
교회❸ 교회학교 교사 무릎기도문

365❶ 우리 부모님을 지켜 주옵소서 (365일용)
365❷ 번성하게 하고 번성하게 하소서 (365일용)
365❸ 자녀축복 안수 기도문 (365일용)

기도❶ 선포(명령) 기도문

망망한 바다 한가운데서 배 한 척이 침몰하게 되었습니다.
모두들 구명보트에 옮겨 탔지만 한 사람이 보이지 않았습니다.
절박한 표정으로 안절부절 못하던 성난 무리 앞에 급히 달려 나온 그 선원이
꼭 쥐고 있던 손바닥을 펴 보이며 말했습니다.
"모두들 나침반을 잊고 나왔기에 … "
분명, 나침반이 없었다면 그들은 끝없이 바다 위를 표류할 수 밖에 없을 것입니다.

우리는 삶의 바다를 항해하는 모든 이들을 위하여
그 나침반의 역할을 하고 싶습니다.
우리를 구원하신 위대한 주 예수 그리스도를 널리 전하고 싶습니다.

"하나님은 모든 사람이 구원을 받으며
진리를 아는 데에 이르기를 원하시느니라"
(디모데전서 2장 4절)

# 무늬보다 향기를!

지은이 │ 김승주
발행인 │ 김용호
발행처 │ 나침반출판사

제1판 발행 │ 2018년 1월 15일

등   록 │ 1980년 3월 18일 / 제 2-32호
주   소 │ 07547 서울특별시 강서구 양천로 583
           블루나인 비즈니스센터 B동 1607호
전   화 │ 본사 (02) 2279-6321 / 영업부 (031) 932-3205
팩   스 │ 본사 (02) 2275-6003 / 영업부 (031) 932-3207
홈   피 │ www.nabook.net
이 메 일 │ nabook@korea.com / nabook@nabook.net

ISBN   978-89-318-1554-2
책번호 가-9065

값은 뒷표지에 있습니다.